*La diferencia entre aprobar
y sacar plaza*

Técnico Medio Sanitario en Cuidados Auxiliares de Enfermería

SERVICIO MADRILEÑO DE SALUD

Si aún no dispones de tu **Curso MAD360**, te ofrecemos un acceso GRATIS de 30 días para que disfrutes de los siguientes recursos:

- Técnicas de Memoria 360.
- MADTEST: Test *online* Nivel PRO.
- Temario en formato digital.
- Vídeos y esquemas.
- Planificación de estudio.
- Foro entre opositores hasta la fecha del examen.*
- Recursos y novedades exclusivas.
- Consúltanos sobre tu oposición y proceso selectivo.
- Actualizaciones legislativas (Boletines Oficiales) hasta 60 días antes de la fecha del examen.*

Para acceder a esta prueba del Curso MAD360** será necesaria la compra de todos los libros para esta especialidad de la edición 2025.

Regístrate en **mad.es/iniciar-sesion** y en la pestaña MIS CURSOS valida los códigos que encuentras en la última página de tus libros.

NOTA IMPORTANTE:

* Examen de esta categoría profesional correspondiente a la convocatoria publicada en el BOCM n.º 181, de 31 de julio de 2025, o hasta el 31 de agosto de 2026, lo que se cumpla antes, y previa renovación del servicio.

** El acceso al CURSO MAD360 estará disponible desde septiembre de 2025 (algunos recursos podrían estar disponibles en fecha posterior). Tendrá una duración de 30 días RENOVABLES mediante pago, desde la validación de códigos, o hasta el 28 de febrero de 2027, lo que se cumpla antes.

MAD se reserva el derecho a ampliar dichas fechas.

Técnico Medio Sanitario en Cuidados Auxiliares de Enfermería del Servicio Madrileño de Salud

Agosto 2025

Técnico Medio Sanitario en Cuidados Auxiliares de Enfermería del Servicio Madrileño de Salud

Test del temario

Autores

LUIS SILVA GARCÍA
Diplomado Universitario en Enfermería
Recuperación de Urgencias

JUAN MANUEL GIL RAMOS
Licenciado en Medicina. Master en Salud Ambiental
Médico Puericultor. Profesor de Procesos Diagnósticos
Clínicos y Productos Ortoprotésicos y Profesor de Procesos
Sanitarios y Asistenciales

M.ª DEL CARMEN SILVA GARCÍA
Diplomada Universitaria en Enfermería
Técnica Especialista de Laboratorio

M.ª JOSÉ GARCÍA BERMEJO
Licenciada en Biología
Técnico Especialista en Laboratorio
Técnico en Salud Mental

JOSÉ MANUEL PÉREZ SANTANA
Diplomado Universitario en Enfermería

DOMINGO GÓMEZ MARTÍNEZ
Licenciado en Derecho
Técnico de Función Administrativa

ELENA GARCÍA FERNÁNDEZ
Licenciada en Derecho

FRANCISCO JESÚS TORRES FONSECA
Licenciado en Derecho

ROCÍO CLAVIJO GAMERO
Licenciada en Psicología

© 7 Editores Recursos para la Cualificación Profesional y el Empleo, S.L. (7 Editores)
© Los autores
Primera edición, agosto 2025 (210 páginas)
Derechos de edición reservados a favor de 7 Editores
IMPRESO EN ESPAÑA
Diseño Portada: 7 Editores
Edita: 7 Editores
Avda. San Francisco Javier, 9 · Edificio Sevilla 2 · Planta 11 · Módulos 25-27 · 41018 Sevilla
Teléfono: 954 784 411 · WEB: www.mad.es · e-mail: administracion@7editores.com
ISBN: 978-84-142-9973-9
© "Editorial Mad" y "Eduforma" son nombres comerciales registrados de
7 Editores Recursos para la Cualificación Profesional y el Empleo, S.L.

Índice

TEST N.º 1

El derecho a la protección de la salud en la Constitución Española de 1978 y en la Ley 14/1986, de 25 de abril, General de Sanidad. Ley 41/2002, de 14 de noviembre, básica reguladora de la autonomía del paciente y de derechos y obligaciones en materia de información y documentación clínica

1. La Ley General de Sanidad se aprobó en:

a) 1975.
b) 1986.
c) 1985.
d) 1976.

2. La Ley General de Sanidad tiene la condición de norma básica y es de aplicación en todo el territorio nacional, y las Comunidades Autónomas:

a) No pueden dictar otras normas de desarrollo o complementaria de esta Ley.
b) Pueden dictar otras normas, que regulen el derecho a la protección a la salud en su territorio con independencia de lo dispuesto en dicha Ley.
c) Podrán dictar normas de desarrollo y complementarias de dicha Ley en el ejercicio de las competencias que le atribuyen los correspondientes Estatutos de Autonomía.
d) Podrán dictar otras normas, que desarrollen el derecho a la protección de la salud y que también son de aplicación en todo el territorio nacional.

3. ¿En qué artículo de la Constitución de 1978 se reconoce el derecho a la salud de todos los ciudadanos?

a) Artículo 23.
b) Artículo 32.
c) Artículo 34.
d) Artículo 43.

4. La Ley 14/1986 de 25 de abril, General de Sanidad, establece en su Art. 1 del Título Preliminar, respecto a la protección de la salud y la atención sanitaria:

a) Son titulares del derecho a la protección de la salud, los ciudadanos españoles y extranjeros nacidos en España, que residan en territorio español.

b) Son titulares del derecho a la atención sanitaria, todos los españoles que tengan establecida su residencia dentro o fuera de España.

c) Tienen el derecho los extranjeros no residentes en España, así como los españoles fuera del territorio nacional, tendrán garantizado el derecho en la forma que las leyes y convenios internacionales establezcan.

d) El derecho a la protección de la salud y a la atención sanitaria se reconoce a todos los españoles y extranjeros.

5. El objeto de la Ley General de Sanidad es:

a) La reforma del sistema sanitario privado.

b) Las necesidades de mejora en los servicios prestados a los ciudadanos extranjeros.

c) La distribución de competencias entre el Estado y las Comunidades Autónomas y las Corporaciones Locales.

d) Hacer efectivo el derecho a la protección de la salud.

6. La reforma que encarna la Ley 14/1986 descansa sobre la directriz de:

a) La gratuidad de la sanidad.

b) La creación de un Sistema Nacional de Salud.

c) La participación ciudadana.

d) La coordinación de las Administraciones públicas.

7. La Ley de Autonomía del Paciente establece la obligatoriedad de obtener el consentimiento informado del paciente:

a) Solo en los casos de intervención quirúrgica.

b) Solo en los casos de aplicación de procedimientos que supongan grandes riesgos o inconvenientes de notoria repercusión negativa sobre su salud.

c) Para toda actuación en el ámbito de su salud.

d) La Ley no establece esta obligación.

8. Tal y como establece la Ley 41/2002, de Autonomía del Paciente, en caso de que el paciente no acepte el tratamiento se le propondrá que firme el alta voluntaria y si no la firma la Dirección del Centro:

a) Puede disponer el alta forzosa.

b) Firmará en su nombre el alta involuntaria.

c) Mantendrá el ingreso por periodo mínimo de cinco días naturales.

d) No está reconocida la negativa al tratamiento de los pacientes.

9. El derecho del paciente a no ser informado:

a) No está reconocido por la ley.
b) Podrá restringirse en cualquier momento.
c) Podrá restringirse cuando sea estrictamente necesario en beneficio del paciente.
d) Solo podrá ejercitarse si el paciente designa a un familiar o a otra persona a la que se le facilite la información.

10. El reconocimiento legal de que se respeten los deseos expresados anteriormente en el documento de *instrucciones previas* es una manifestación del derecho:

a) A la información sanitaria.
b) A la segunda opinión.
c) A la autonomía del paciente.
d) A la información post-mortem.

11. Indique la proposición incorrecta en relación con los requisitos del consentimiento:

a) Debe ser libre.
b) Debe ser voluntario.
c) La decisión de consentir debe anteceder a una información adecuada.
d) La persona que lo presta debe tener capacidad para conocer, comprender y querer el alcance de su decisión.

12. La Ley 41/2002, de Autonomía del paciente, establece que, como regla general, el consentimiento se manifestará en forma:

a) Verbal.
b) Escrita.
c) Documental.
d) Ante testigos.

13. Según establece la Ley 41/2002, de Autonomía del paciente, el paciente o usuario tiene derecho a decidir libremente entre las opciones clínicas disponibles después de recibir:

a) Información completa.
b) Información adecuada.
c) Información documental.
d) Información escrita.

14. La renuncia del paciente a recibir información:

a) No se reconoce por la ley.
b) Está limitada por el interés de la salud del propio paciente.

c) No está limitada por el interés de la salud de terceros.
d) Ninguna de las anteriores es correcta.

15. Según establece la Ley 41/2002, de Autonomía del paciente, ha de constar siempre por escrito:

a) La información al paciente.
b) El consentimiento informado.
c) La aceptación del tratamiento.
d) La negativa al tratamiento.

16. En la legislación sanitaria española, el consentimiento escrito del paciente:

a) Es una exigencia legal.
b) Es conveniente.
c) Es obligatorio en determinados supuestos.
d) No es necesario.

17. Según establece la Ley de Autonomía del Paciente el consentimiento se prestará por escrito en el caso de:

a) Realización de una actuación sanitaria en el paciente.
b) Aplicación en el paciente de un procedimiento no invasor.
c) Intervención quirúrgica.
d) Aplicación de procedimientos de imprevisible repercusión negativa sobre la salud del paciente.

18. Según determina la Ley 41/2002, el paciente tiene derecho a recibir un informe de alta:

a) Solo si ha existido ingreso hospitalario.
b) A la finalización del proceso asistencial.
c) En cuyo contenido mínimo habrán de figurar, entre otros, datos de información sanitaria epidemiológica.
d) Previa solicitud.

19. Existen supuestos legales en los que los facultativos pueden llevar a cabo las intervenciones clínicas indispensables en favor de la salud del paciente sin necesidad de contar con su consentimiento ni el de sus representantes o familiares. Señale uno de ellos:

a) Cuando el paciente esté incapacitado legalmente.
b) Cuando existe riesgo para la salud pública según determinen las autoridades sanitarias.

c) En caso de riesgo inmediato grave para la integridad física de otro paciente.

d) Cuando el paciente no sea capaz de tomar decisiones.

20. La Ley de Autonomía del paciente reconoce el derecho a que se respeten los deseos expresados anteriormente en el:

a) Testamento vital.

b) Documento de voluntades anticipadas.

c) Documento de instrucciones previas.

d) Documento de instrucciones preliminares.

En MADTEST tienes **más preguntas de este tema**, y todos tus avances quedan registrados y se reflejan en el ranking.

¡Supera tus límites con MADTEST!

Solución al test n.º 1

1. b) 1986.

2. c) Podrán dictar normas de desarrollo y complementarias de dicha Ley en el ejercicio de las competencias que le atribuyen los correspondientes Estatutos de Autonomía.

3. d) Artículo 43.

4. c) Tienen el derecho los extranjeros no residentes en España, así como los españoles fuera del territorio nacional, tendrán garantizado el derecho en la forma que las leyes y convenios internacionales establezcan.

5. d) Hacer efectivo el derecho a la protección de la salud.

6. b) La creación de un Sistema Nacional de Salud.

7. c) Para toda actuación en el ámbito de su salud.

8. a) Puede disponer el alta forzosa.

9. c) Podrá restringirse cuando sea estrictamente necesario en beneficio del paciente.

10. c) A la autonomía del paciente.

11. c) La decisión de consentir debe anteceder a una información adecuada.

12. a) Verbal.

13. b) Información adecuada.

14. b) Está limitada por el interés de la salud del propio paciente.

15. d) La negativa al tratamiento.

16. c) Es obligatorio en determinados supuestos.

17. c) Intervención quirúrgica.

18. b) A la finalización del proceso asistencial.

19. d) Cuando el paciente no sea capaz de tomar decisiones.

20. c) Documento de instrucciones previas.

TEST N.º 2

Ley 44/2003, de 21 de noviembre, de Ordenación de las Profesiones Sanitarias: objeto, ámbito de aplicación, ejercicio de las profesiones sanitarias, formación y desarrollo profesional. Ley 55/2003, de 16 de diciembre, del Estatuto Marco del personal estatutario de los servicios de salud: objeto y ámbito de aplicación, clasificación de personal estatutario, derechos y deberes, situaciones, selección, incompatibilidades, régimen disciplinario y modelo de desarrollo profesional

1. En la Ley de Ordenación de las Profesiones Sanitarias el higienista dental forma parte del Grupo de profesiones:

a) De nivel Licenciado.
b) De nivel Diplomado.
c) De grado medio.
d) Relacionadas con la salud dental.

2. En la Ley de Ordenación de las Profesiones Sanitarias no se regula la formación:

a) Complementaria.
b) Continuada.
c) Pregraduada.
d) Especializada.

3. La Ley de Ordenación de las Profesiones Sanitarias considera profesiones sanitarias aquellas que la normativa universitaria reconoce como titulaciones del ámbito de la salud y:

a) Que, además, ya se regularon específicamente en la Ley de Bases de la Sanidad Nacional de 25 de noviembre de 1944.
b) Que gozan de una organización colegial reconocida por los poderes públicos.
c) Las que se acreditan mediante un título de formación profesional de la familia profesional Sanidad.
d) Todas las respuestas anteriores son correctas.

4. En la Ley de Ordenación de las Profesiones Sanitarias, Técnico Superior en Salud Ambiental es una profesión sanitaria:

a) De nivel Licenciado.
b) De nivel Diplomado.
c) De grado medio.
d) De formación profesional.

5. La prevención y lucha contra la zoonosis es una función específicamente atribuida a los:

a) Médicos.
b) Veterinarios.
c) Enfermeros.
d) Dietistas-Nutricionistas.

6. Para ejercer una profesión sanitaria será requisito imprescindible:

a) Haber realizado un máster.
b) Tener suscrito y vigente un seguro de responsabilidad, un aval u otra garantía financiera.
c) La certificación acreditativa del Ministerio de Educación y Cultura.
d) La autorización de la correspondiente Administración Sanitaria.

7. Pertenece al Grupo de grado medio de profesiones sanitarias de formación profesional el título de Técnico de:

a) Farmacia.
b) Dietética.
c) Radioterapia.
d) Ortoprótesis.

8. La indicación y realización de las actividades dirigidas a la promoción y mantenimiento de la salud, a la prevención de las enfermedades y al diagnóstico, tratamiento, terapéutica y rehabilitación de los pacientes, así como al enjuiciamiento y pronóstico de los procesos objeto de atención es una función:

a) General de las profesiones sanitarias.
b) General de los licenciados sanitarios.
c) Específica de los médicos.
d) Específica de los dentistas.

9. Es función general de los diplomados sanitarios:

a) La prestación personal directa que sea necesaria en las diferentes fases del proceso de atención integral de salud y, en su caso, la dirección y evaluación del desarrollo global de dicho proceso.
b) La prestación personal de los cuidados o los servicios propios de su competencia profesional en las distintas fases del proceso de atención de salud.

c) La dirección, evaluación y prestación de los cuidados de enfermería orientados a la promoción, mantenimiento y recuperación de la salud, así como a la prevención de enfermedades y discapacidades.

d) La prestación de los cuidados propios de su disciplina, a través de tratamientos con medios y agentes físicos, dirigidos a la recuperación y rehabilitación de personas con disfunciones o discapacidades somáticas, así como a la prevención de las mismas.

10. Según dispone la Ley de Ordenación de las Profesiones Sanitarias, los centros sanitarios han de revisar que los profesionales sanitarios de su plantilla cumplen los requisitos necesarios para ejercer la profesión conforme a la ley:

a) Cada tres años como mínimo.
b) Cada cinco años.
c) Solo en el proceso selectivo de acceso.
d) Con la periodicidad que determine el Ministerio de Sanidad y Consumo o el órgano competente en materia de Sanidad de cada comunidad autónoma.

11. La Ley 55/2003 del Estatuto Marco de Personal Estatutario de los Servicios de Salud es aplicable:

a) Al personal estatutario de los servicios de salud.
b) Al personal sanitario excluyendo al personal de gestión y servicios.
c) Al personal funcionario de las Comunidades Autónomas.
d) Al personal funcionario del Estado.

12. El personal estatutario con nombramiento expedido para el ejercicio de una profesión o especialidad sanitaria se denomina:

a) Personal sanitario.
b) Otro personal.
c) Personal de mantenimiento.
d) Personal de gestión y servicios.

13. El personal estatutario con nombramiento expedido para el desempeño de funciones de gestión o para el desempeño de profesiones u oficios que no tengan carácter sanitario se denomina:

a) Personal universitario.
b) Personal de gestión y servicios.
c) Personal directivo.
d) Personal administrativo.

14. Conforme a lo dispuesto en el artículo 2.2 de la Ley 55/2003, de 16 de diciembre, del Estatuto Marco del personal estatutario de los servicios de salud, en lo no previsto en la misma serán aplicables al personal estatutario:

a) Las disposiciones y principios generales sobre función pública de la Administración correspondiente.

b) Las disposiciones de derecho laboral, dictadas al amparo del artículo 149.1.7º de la Constitución.

c) Las disposiciones sobre función pública de la Administración del Estado, en todo caso, conforme a lo dispuesto en el artículo 149.3 de la Constitución.

d) El convenio colectivo del personal laboral al servicio de la Administración correspondiente.

15. Conforme al artículo 6.2 de la Ley 55/2003, de 16 de diciembre, del Estatuto Marco del personal estatutario de los servicios de salud, atendiendo al nivel académico del título exigido para el ingreso, el personal estatutario sanitario de formación profesional se divide en:

a) Técnicos sanitarios y Auxiliares de Enfermería.

b) Técnicos superiores y Técnicos.

c) Técnicos superiores y Técnicos de gestión.

d) Técnicos especialistas y Técnicos.

16. No constituye un derecho individual del personal estatutario:

a) La estabilidad en el empleo.

b) La movilidad voluntaria.

c) El descanso necesario.

d) La negociación colectiva.

17. El régimen de derechos del personal estatutario será aplicable al personal temporal:

a) En la medida en que la naturaleza del derecho lo permita.

b) En todo caso.

c) En ningún caso.

d) Solo cuando así se establezca en su nombramiento.

18. En relación con los derechos y deberes regulados en el Estatuto Marco, no se considera un derecho colectivo:

a) La huelga.

b) La actividad sindical.

c) La reunión.

d) La estabilidad en el empleo.

19. Entre los siguientes derechos que le reconoce el Estatuto Marco al personal estatutario, ¿cuál de ellos no tiene el carácter de derecho individual?

a) La estabilidad en el empleo.
b) El respeto a la dignidad e intimidad personal en el trabajo.
c) La formación continuada adecuada a la función desempeñada.
d) Disponer de servicios de prevención y de órganos representativos en materia de seguridad laboral.

20. El personal estatutario de los servicios de salud tiene el deber de:

a) Participar en la elaboración de los convenios colectivos.
b) Realizar sus funciones fuera del horario y jornada habitual.
c) Realizar actividades sindicales.
d) Respetar la Constitución, el Estatuto de Autonomía correspondiente y el resto del ordenamiento jurídico.

En MADTEST tienes **más preguntas de este tema**, y todos tus avances quedan registrados y se reflejan en el ranking.

¡Supera tus límites con MADTEST!

Solución al test n.º 2

1. d) Relacionadas con la salud dental.

2. a) Complementaria.

3. b) Que gozan de una organización colegial reconocida por los poderes públicos.

4. d) De formación profesional.

5. b) Veterinarios.

6. b) Tener suscrito y vigente un seguro de responsabilidad, un aval u otra garantía financiera.

7. a) Farmacia.

8. c) Específica de los médicos.

9. b) La prestación personal de los cuidados o los servicios propios de su competencia profesional en las distintas fases del proceso de atención de salud.

10. a) Cada tres años como mínimo.

11. a) Al personal estatutario de los servicios de salud.

12. a) Personal sanitario.

13. b) Personal de gestión y servicios.

14. a) Las disposiciones y principios generales sobre función pública de la Administración correspondiente.

15. b) Técnicos superiores y Técnicos.

16. d) La negociación colectiva.

17. a) En la medida en que la naturaleza del derecho lo permita.

18. d) La estabilidad en el empleo.

19. d) Disponer de servicios de prevención y de órganos representativos en materia de seguridad laboral.

20. d) Respetar la Constitución, el Estatuto de Autonomía correspondiente y el resto del ordenamiento jurídico.

Estructura Sanitaria de la Comunidad de Madrid. Ley 12/2001, de 21 de diciembre, de Ordenación Sanitaria de la Comunidad de Madrid (LOSCAM): Las áreas Sanitarias. Red Sanitaria Única de Utilización Pública, Derechos y deberes de los ciudadanos. El Servicio Madrileño de Salud. La Ley 6/2009 de 16 de noviembre, de Libertad de Elección en la Sanidad de la Comunidad de Madrid. La Ley 11/2017, de 22 de diciembre, de Buen Gobierno y Profesionalización de la Gestión de los Centros y Organizaciones Sanitarias del Servicio Madrileño de Salud

1. No es un órgano de asesoramiento y participación:

a) La Junta Técnico Asistencial.
b) Las Comisiones Técnicas Consultivas.
c) Las Comisiones de Dirección.
d) Los Consejos Territoriales de Salud.

2. ¿A quién le corresponde examinar y evaluar la actividad asistencial y su vinculación con la ejecución presupuestaria de la organización?

a) A la Comisión de Dirección.
b) A la Junta Técnico Asistencial.
c) A los Consejos Territoriales de Salud.
d) A la Junta de Gobierno.

3. La Junta de Gobierno se reunirá con carácter ordinario:

a) Al menos una vez al trimestre.
b) Al menos dos veces al mes.
c) Mensualmente.
d) Cada quince días.

4. Elaborar y elevar a la Junta de Gobierno para su aprobación y posterior remisión a la Dirección General del Servicio Madrileño de Salud, la memoria anual es competencia de:

a) La Junta Técnico Asistencial.

b) La Comisión de Dirección.

c) El personal directivo dependiente de la Dirección Gerencia o Dirección Territorial de Atención Primaria.

d) La Dirección Gerencia y la Dirección Territorial de Atención Primaria.

5. El mandato de los miembros de la Junta de Gobierno propuestos conforme al artículo 5.4.b) de la Ley 11/2017, será de:

a) Cinco años.

b) Cuatro años.

c) Tres años.

d) Carácter vitalicio.

6. Las organizaciones del Servicio Madrileño de Salud contarán con personal directivo:

a) Su número y denominación dependerá de la naturaleza de la organización, de su tamaño y características específicas.

b) Por Ley se determinará la estructura marco para los diferentes tipos de organizaciones del Servicio Madrileño de Salud.

c) El Director General del SERMA propondrá la designación del personal directivo.

d) Todas son correctas.

7. Señala la respuesta correcta en relación a la composición de la Junta de Gobierno, que se establece como máximo:

a) Un Presidente, dos Vicepresidentes y 10 Vocales.

b) Un Presidente, un Vicepresidente y 11 Vocales.

c) Un Presidente, un Secretario y 7 Vocales.

d) Un Presidente, un Secretario y 10 Vocales.

8. ¿Cuántos Vocales de la Junta de Gobierno son propuestos por el Servicio Madrileño de Salud?

a) Ninguno.

b) Dos.

c) Cuatro.

d) Seis.

9. Entre los órganos de dirección de las organizaciones del Servicio Madrileño de Salud no se encuentra:

a) El Director Gerente.
b) El Director Territorial.
c) La Dirección Gerencia del SUMA 112.
d) Los Consejos Territoriales de Salud.

10. ¿A quién le corresponde promover la participación comunitaria en el ámbito de actuación de la Dirección Territorial de Atención Primaria?

a) Al Pleno de los Consejos Territoriales de Salud.
b) A las Comisiones Técnicas Consultivas.
c) A la Junta Técnico Asistencial.
d) Ninguna es correcta.

11. En las Direcciones Territoriales de Atención Primaria, no es una Comisión Técnica Consultiva:

a) La Comisión de Calidad y Seguridad del Paciente.
b) La Comisión de Salud Mental.
c) La Comisión de Formación e Investigación.
d) La Comisión de Evaluación de Tecnología.

12. En relación a la Comisión de Dirección es cierto que:

a) Estará presidida por el Consejero de Sanidad.
b) Le corresponde realizar el control del gasto ajustado a la actividad establecida en el contrato programa.
c) Asume la coordinación de los diferentes niveles asistenciales así como de los diversos dispositivos socio-sanitarios.
d) Ejerce el control de la ejecución y consecución de objetivos.

13. ¿A qué órgano le corresponde, aprobar con periodicidad anual el inventario y la Memoria expresiva de las actividades asistenciales, docentes e investigadoras y de la gestión económica de la organización?

a) A la Junta de Gobierno.
b) Al Director Gerente.
c) A la Comisión de Dirección.
d) A la Junta Técnico Asistencial.

14. ¿Quién preside la Junta Técnica Asistencial en los centros hospitalarios?

a) El Director Territorial.
b) El Director Gerente.

c) El Director médico.
d) Ninguna es correcta.

15. Señala la respuesta correcta sobre los Consejos Territoriales de Salud:

a) Funcionarán en Pleno y en Comisión de Coordinación.
b) Su composición se fijará por Ley.
c) Formará parte del mismo el director territorial de atención especializada.
d) Su Presidente, será el alcalde del municipio donde se ubique el hospital o Dirección Territorial de Atención Primaria.

16. La Comisión de Tejidos y Tumores es una Comisión Técnica Consultiva:

a) En los hospitales del Servicio Madrileño de Salud.
b) Es una Comisión creada si la actividad desarrollada y las características del centro hospitalario lo aconsejan.
c) Es una Comisión en las Direcciones Territoriales de Atención Primaria.
d) Ninguna es correcta.

17. Respecto a los informes, dictámenes y recomendaciones de la Junta Técnica Asistencial es cierto que:

a) Son vinculantes.
b) Las actuaciones en las que no se atienda su criterio requerirán notificación.
c) Las actuaciones en las que no se atienda su criterio requerirán motivación suficiente y adecuada.
d) Todas son correctas.

18. El SUMA 112 es:

a) Un órgano directivo unipersonal.
b) Un órgano de Dirección unipersonal.
c) Un órgano de asesoramiento y participación.
d) Ninguna es correcta.

19. Tener acceso regular al cuadro de mando de la organización sobre toda la actividad asistencial de la misma incluyendo tiempos de demora en los diversos servicios es competencia de:

a) La Comisión de Dirección.
b) La Junta Técnica Asistencial.
c) Los Consejos Territoriales de Salud.
d) La Junta de Gobierno.

20. ¿A quién debe elevar los informes que considere necesario la Junta Técnico Asistencial?

a) A ningún órgano.
b) A la Dirección Gerencia de los centros hospitalarios.
c) A la Dirección Territorial de Atención Primaria.
d) A la Junta de Gobierno y a la Comisión de Dirección.

En MADTEST tienes **más preguntas de este tema**, y todos tus avances quedan registrados y se reflejan en el ranking.

¡Supera tus límites con MADTEST!

Solución al test n.º 3

1. c) Las Comisiones de Dirección.

2. d) A la Junta de Gobierno.

3. a) Al menos una vez al trimestre.

4. d) La Dirección Gerencia y la Dirección Territorial de Atención Primaria.

5. a) Cinco años.

6. a) Su número y denominación dependerá de la naturaleza de la organización, de su tamaño y características específicas..

7. b) Un Presidente, un Vicepresidente y 11 Vocales.

8. d) Seis.

9. d) Los Consejos Territoriales de Salud.

10. a) Al Pleno de los Consejos Territoriales de Salud.

11. d) La Comisión de Evaluación de Tecnología.

12. b) Le corresponde realizar el control del gasto ajustado a la actividad establecida en el contrato programa.

13. a) A la Junta de Gobierno.

14. c) El Director médico.

15. a) Funcionarán en Pleno y en Comisión de Coordinación.

16. b) Es una Comisión creada si la actividad desarrollada y las características del centro hospitalario lo aconsejan.

17. c) Las actuaciones en las que no se atienda su criterio requerirán motivación suficiente y adecuada.

18. b) Un órgano de Dirección unipersonal.

19. b) La Junta Técnica Asistencial.

20. d) A la Junta de Gobierno y a la Comisión de Dirección.

La ley Orgánica 1/2004, de Medidas de Protección Integral contra la Violencia de Género; principios rectores, medidas de sensibilización, prevención y detección en el ámbito sanitario; derechos de las funcionarias públicas. Ley 5/2005, de 20 de diciembre, integral contra la violencia de género de la Comunidad de Madrid. Ley Orgánica 3/2007, para la igualdad efectiva de mujeres y hombres: objeto y ámbito de la ley, integración del principio de igualdad en la política de salud, modificaciones de la Ley General de Sanidad. Ley 3/2016, de 22 de julio, de protección integral contra la LGTBfobia y la discriminación por razón de orientación en identidad sexual en la Comunidad de Madrid

1. La aplicación de la Ley Orgánica 1/2004, de 28 de diciembre:

a) No supone la existencia necesariamente de convivencia entre la víctima y el agresor.
b) Supone que en algún momento anterior haya existido convivencia entre la víctima y el agresor,
c) Supone la convivencia, al menos en el momento del hecho, entre la víctima y el agresor.
d) Supone siempre la inexistencia de convivencia entre la víctima y el agresor.

2. Las medidas de protección integral de la Ley Orgánica 1/2004, de 28 de diciembre:

a) No tienen finalidad sancionadora.
b) Su finalidad es esencialmente reparadora.
c) Tienen finalidad previsora y sancionadora.
d) Tienen finalidad prioritariamente sancionadora.

3. La violencia de género a que se refiere la Ley Orgánica 1/2004, de 28 de diciembre:

a) Comprende excepcionalmente la violencia psicológica
b) Comprende la violencia psicológica siempre que vaya unida a la violencia física.

c) Excluye la violencia psicológica.

d) Incluye la violencia psicológica por sí.

4. La violencia de género a que se refiere la Ley Orgánica 1/2004, de 28 de diciembre:

a) Incluye las amenazas y las coacciones.

b) Incluye las amenazas y las coacciones solo cuando vayan acompañadas o seguidas de privación de libertad.

c) Incluye las amenazas, pero no las coacciones salvo que vayan seguidas de hechos violentos.

d) Incluye las coacciones pero no las amenazas salvo que vayan seguidas de hechos violentos.

5. La Ley Orgánica 1/2004, de 28 de diciembre tiene como objetivo establecer un sistema integral de tutela institucional:

a) Por parte de la Administración Estatal y de las Administraciones de las Comunidades Autónomas que tengan competencia sobre la materia, así como de las Entidades Locales.

b) Por parte de las Cortes y de las Asambleas Legislativas de las Comunidades Autónomas.

c) Por parte de la Administración General del Estado

d) Por parte de la Administración Estatal y de las Administraciones de las Comunidades Autónomas.

6. La LO 1/2004 tiene por objeto:

a) Actuar contra la violencia que, como manifestación de la discriminación, la situación de desigualdad y las relaciones de poder de los hombres sobre las mujeres, se ejerce sobre éstas por parte de quienes sean o hayan sido sus cónyuges o de quienes estén o hayan estado ligados a ellas por relaciones similares de afectividad, aun sin convivencia.

b) Actuar contra la violencia que, como manifestación de la discriminación, la situación de desigualdad y las relaciones de poder de los hombres sobre las mujeres, se ejerce sobre éstas por parte de quienes sean o hayan sido sus cónyuges o de quienes estén o hayan estado ligados a ellas por relaciones similares de afectividad, siempre que exista convivencia.

c) Actuar contra la violencia que, como manifestación de la discriminación, la situación de desigualdad y las relaciones de poder de los hombres sobre las mujeres, se ejerce sobre éstas por parte de quienes sean sus cónyuges o de quienes estén ligados a ellas por relaciones similares de afectividad, siempre que exista convivencia.

d) Actuar contra la violencia que, como manifestación de la discriminación, la situación de desigualdad y las relaciones de poder de los hombres sobre las mujeres, se ejerce sobre éstas por parte de quienes sean sus cónyuges o de quienes estén ligados a ellas por relaciones similares de afectividad, aun sin convivencia.

7. Conforme al artículo 2 de la LO 1/2004, un principio rector de esta ley es consagrar los derechos de las mujeres víctimas de violencia de género exigibles ante las Administraciones Públicas, y así asegurar un acceso a los servicios establecidos al efecto, rápido, transparente y:

a) Eficaz.
b) Duradero.
c) Seguro.
d) Económico.

8. Según el artículo 2 de la LO 1/2004, uno de los fines a alcanzar a través del conjunto integral de medidas articulado en esta ley es, garantizar derechos económicos para las mujeres víctimas de violencia de género:

a) Así como establecer un sistema para la más eficaz coordinación de los servicios ya existentes a nivel municipal y autonómico.
b) Para asegurar la prevención de los hechos de violencia de género.
c) Con el fin de facilitar su integración social.
d) Promoviendo la colaboración y participación de las entidades, asociaciones y organizaciones que desde la sociedad civil actúan contra la violencia de género.

9. Conforme al artículo 3 de la LO 1/2004, el Plan Nacional de Sensibilización y Prevención de la Violencia de Género debe dirigirse tanto a hombres como a mujeres desde un trabajo comunitario y:

a) Multidisciplinar.
b) Integral.
c) Complementario.
d) Intercultural.

10. Conforme al artículo 3 de la LO 1/2004, con el fin de prevenir la violencia de género, en el marco de sus competencias, los poderes públicos deben impulsar:

a) Cursos de información y sensibilización.
b) Campañas de información y sensibilización.
c) Programas de información y sensibilización.
d) Jornadas de información y sensibilización.

11. La Comisión contra la Violencia de Género del Consejo Interterritorial del Sistema Nacional de Salud estará compuesta por representantes:

a) De todos los Parlamentos autonómicos.
b) De las asociaciones y organizaciones no gubernamentales cuyo fin sea la prevención y erradicación de la violencia de género.
c) De todas las Comunidades Autónomas con competencia en la materia.
d) De todos los partidos políticos con representación parlamentaria.

12. Las ausencias o faltas de puntualidad al trabajo motivadas por la situación física o psicológica derivada de la violencia de género se considerarán:

a) Justificadas, cuando así lo determinen las autoridades judiciales.
b) Justificadas en todo caso.
c) Justificadas, cuando así lo determinen los servicios sociales de atención o servicios de salud, según proceda.
d) Faltas leves.

13. Señale la respuesta incorrecta. Según la Ley Orgánica 1/2004, de 28 de diciembre, de medidas de protección integral contra la violencia de género, las funcionarias víctimas de violencia de género tendrán derecho a:

a) La movilidad geográfica de centro de trabajo.
b) La excedencia por este motivo.
c) Acceder a la promoción interna de forma preferente.
d) La reducción o reordenación de su tiempo de trabajo.

14. La Comunidad de Madrid, en colaboración con las Corporaciones Locales, realizará un estudio sobre el impacto de la violencia de género en la Región, así como una valoración de necesidades, recursos y servicios de atención a las víctimas:

a) Semestralmente.
b) Anualmente.
c) Bianualmente.
d) Cada cuatro años.

15. Teniendo en cuenta que la Violencia de Género tiene su origen en la desigualdad entre hombres y mujeres, la atención a las víctimas en la Comunidad de Madrid se realizará desde la consideración de las causas estructurales del problema, así como de las especiales circunstancias en las que aquellas se encuentran, en virtud del principio de:

a) Asistencia integral.
b) Efectividad.
c) Integración.
d) Perspectiva de género.

16. Los pisos tutelados de la Comunidad de Madrid, tienen por objeto dispensar alojamiento y seguimiento psicosocial a las mujeres y personas a su cargo que han finalizado el proceso de atención en un Centro de Acogida y que continúan precisando de apoyo en la consecución de su autonomía personal por un tiempo máximo de:

a) 6 meses.
b) 12 meses.
c) 18 meses.
d) 2 años.

17. Los Centros de Emergencia de la Comunidad de Madrid, tienen por objeto dispensar alojamiento seguro e inmediato, así como manutención y otros gastos a las mujeres y menores a su cargo, por un tiempo máximo de:

a) 2 meses.
b) 4 meses.
c) 12 meses.
d) 18 meses.

18. En la Comunidad de Madrid, la atención psicológica y social, dirigida a las mujeres víctimas de Violencia de Género y los menores que se encuentren bajo su patria potestad, tutela, guarda o situación análoga y personas dependientes de la mujer víctima de Violencia de Género, tiene por objeto reparar el daño sufrido mediante una intervención integral y:

a) Humanitaria.
b) Especializada.
c) Colegiada.
d) Transparente.

19. ¿Cuál de las siguientes es la Ley integral contra la violencia de género de la Comunidad de Madrid?

a) Ley 5/2005, de 20 de diciembre.
b) Ley 20/2005, de 5 de diciembre.
c) Ley 15/2010, de 20 de noviembre.
d) Ley 10/2010, de 5 de noviembre.

20. En relación con el acceso de las mujeres víctimas de violencia de género a los correspondientes servicios de información y orientación jurídica de la Comunidad de Madrid, es cierto que:

a) Deberán aportar documento acreditativo de su condición de víctima.
b) Deberán prestar sus datos de identificación personal.
c) Tendrán que acudir acompañadas de un testigo.
d) Podrán conservar su anonimato.

En MADTEST tienes **más preguntas de este tema**, y todos tus avances quedan registrados y se reflejan en el ranking.

¡Supera tus límites con MADTEST!

Solución al test n.º 4

1. a) No supone la existencia necesariamente de convivencia entre la víctima y el agresor.

2. c) Tienen finalidad previsora y sancionadora.

3. d) Incluye la violencia psicológica por sí.

4. a) Incluye las amenazas y las coacciones.

5. c) Por parte de la Administración General del Estado.

6. a) Actuar contra la violencia que, como manifestación de la discriminación, la situación de desigualdad y las relaciones de poder de los hombres sobre las mujeres, se ejerce sobre éstas por parte de quienes sean o hayan sido sus cónyuges o de quienes estén o hayan estado ligados a ellas por relaciones similares de afectividad, aun sin convivencia.

7. a) Eficaz.

8. c) Con el fin de facilitar su integración social.

9. d) Intercultural.

10. b) Campañas de información y sensibilización.

11. c) De todas las Comunidades Autónomas con competencia en la materia.

12. c) Justificadas, cuando así lo determinen los servicios sociales de atención o servicios de salud, según proceda.

13. c) Acceder a la promoción interna de forma preferente.

14. c) Bianualmente.

15. d) Perspectiva de género.

16. c) 18 meses.

17. a) 2 meses.

18. b) Especializada.

19. a) Ley 5/2005, de 20 de diciembre.

20. d) Podrán conservar su anonimato.

TEST N.º 5

La Ley 31/1995, de 8 de noviembre, de Prevención de Riesgos Laborales: derechos y obligaciones, consulta y participación de los trabajadores. Prevención de riesgos laborales específicos de la categoría. Especial referencia a la manipulación manual de cargas y al riesgo biológico, medidas de prevención. Ergonomía: métodos de movilización de enfermos e incapacitados

1. Los representantes de los trabajadores con competencia en materia de prevención de riesgos laborales son:

a) Los miembros de la Junta de personal, Junta Facultativo y Junta de Enfermería.
b) Los técnicos de prevención de riesgos laborales.
c) El Servicio de Medicina Preventiva.
d) Los delegados de prevención.

2. Qué se entiende por "riesgo laboral":

a) La posibilidad de que un trabajador sufra un determinado daño derivado del trabajo.
b) La posibilidad de que un trabajador sufra una enfermedad en el trabajo.
c) La posibilidad de que un trabajador sufra acoso.
d) El riesgo que supone el ir a trabajar.

3. ¿Quién debe garantizar a los trabajadores la vigilancia periódica de su estado de salud en función de los riesgos inherentes al trabajo?

a) La Inspección de Trabajo.
b) El propio trabajador.
c) El empresario.
d) Las secciones sindicales.

4. El derecho básico reconocido a los trabajadores por la Ley 31/1995, de 8 de noviembre es:

a) La vigilancia de su estado de salud.
b) Una protección eficaz en materia de seguridad y salud en el trabajo.
c) La formación en materia preventiva.
d) La información, consulta y participación.

5. Indica cuál es la definición de prevención:

a) La probabilidad racional de que un riesgo se materialice de forma inminente.
b) El estudio de los procesos potencialmente peligrosos para el trabajo.
c) Conjunto de actividades o medidas adoptadas o previstas en todas las fases de actividad de la empresa con el fin de evitar o disminuir los riesgos derivados del trabajo.
d) Posibilidad de que un trabajador sufra un determinado daño derivado del trabajo.

6. Señala la respuesta incorrecta:

a) La Ley de Prevención de Riesgos Laborales se aplica a los operativos de Seguridad civil en casos de catástrofe.
b) La Ley de Prevención de Riesgos Laborales se aplica a las sociedades cooperativas.
c) En el ámbito de la relación laboral de carácter especial del servicio del hogar familiar, las personas trabajadoras tienen derecho a una protección eficaz en materia de seguridad y salud en el trabajo.
d) En los establecimientos penitenciarios, se adaptarán a la Ley de Prevención de Riesgos Laborales aquellas actividades cuyas características justifiquen una regulación especial.

7. ¿Cuál es la vigente Ley de Prevención de Riesgos Laborales?

a) Ley 32/1995, de 8 de noviembre.
b) Ley 30/1996, de 8 de noviembre.
c) Ley 31/1995, de 6 de noviembre.
d) Ley 31/1995, de 8 de noviembre.

8. Entre los principios de la acción preventiva recogidos por el artículo 15 de la Ley de Prevención de Riesgos Laborales, no figura:

a) Evitar los riesgos.
b) Evaluar los riesgos que se puedan evitar.
c) Tener en cuenta la evolución de la técnica.
d) Dar las debidas instrucciones a los trabajadores.

9. ¿Cuántos delegados de prevención se deberán elegir en empresas entre 3001 y 4000 trabajadores?

a) 5.
b) 6.
c) 7.
d) 8.

10. En las empresas de hasta 30 trabajadores el Delegado de Prevención será:

a) El propio empresario.
b) El trabajador más antiguo.
c) El trabajador de mayor cualificación.
d) El delegado de personal.

11. Entre las obligaciones de los trabajadores recogidas por la Ley de Prevención de Riesgos Laborales, no figura:

a) Informar directamente al empresario de cualquier situación que entrañe riesgo para la seguridad o salud de los trabajadores.
b) Contribuir al cumplimiento de las obligaciones establecidas por la autoridad competente con el fin de proteger la seguridad y la salud de los trabajadores en el trabajo.
c) Cooperar con el empresario para que éste pueda garantizar unas condiciones de trabajo que sean seguras y no entrañen riesgos para la seguridad y la salud de los trabajadores.
d) Utilizar correctamente los medios y equipos de protección facilitados por el empresario, de acuerdo con las instrucciones recibidas de éste.

12. El empresario deberá constituir un servicio de prevención propio siempre que se trate de empresas que cuenten con:

a) Más de 500 trabajadores.
b) Menos de 250 trabajadores.
c) Más de 250 trabajadores.
d) Más de 250 y menos de 500 trabajadores.

13. Cuando los trabajadores estén expuestos a un riesgo grave e inminente con ocasión de su trabajo, y el empresario no adopte o no permita la adopción de las medidas necesarias para garantizar la seguridad y la salud de los trabajadores, la Ley 31/1995, de 8 de noviembre, de Prevención de Riesgos Laborales prevé:

a) Los trabajadores afectados podrán paralizar la actividad.
b) El órgano de representación del personal instará formalmente al empresario a la adopción de las medidas necesarias.
c) Los Delegados de Prevención lo comunicarán a la autoridad laboral, que adoptará las medidas necesarias.
d) El órgano de representación de personal podrá acordar la paralización de la actividad.

14. Según establece el art. 4 de la Ley 31/1995, de 8 de noviembre, de Prevención de Riesgos Laborales, se define como daños derivados del trabajo:

a) La posibilidad de que un trabajador sufra un determinado daño derivado del trabajo.

b) El que resulte probable racionalmente que se materialice en un futuro inmediato y pueda suponer y pueda suponer un daño grave para la salud de los trabajadores.

c) Las enfermedades, patologías o lesiones sufridas con motivo u ocasión del trabajo.

d) Cualquier máquina, aparato, instrumento o instalación utilizada en el trabajo.

15. Según recoge el artículo 4 de la Ley 31/1995, quedan específicamente incluidas en la definición de condición de trabajo:

a) Las características particulares de los locales, instalaciones, equipos, productos y demás útiles existentes en el centro de trabajo.

b) La naturaleza de los agentes físicos, químicos y biológicos presentes en el ambiente de trabajo y sus correspondientes intensidades, concentraciones o niveles de presencia.

c) Los procedimientos para la utilización de los agentes citados anteriormente que no influyan en la generación de los riesgos mencionados.

d) Todas aquellas otras características del trabajo, excluidas las relativas a su organización y ordenación, que influyan en la magnitud de los riesgos a que esté expuesto el trabajador.

16. Los instrumentos esenciales para la gestión y aplicación del Plan de prevención de riesgos laborales son:

a) La evaluación de riesgos y la planificación de la actividad preventiva.

b) La evaluación inicial de riesgos y la formación.

c) La planificación y la gestión de la actividad preventiva.

d) La identificación y la evaluación de los riesgos.

17. El posible cambio de puesto de trabajo con riesgo para una trabajadora embarazada:

a) Deberá realizarse en caso de imposibilidad de adaptación del propio puesto.

b) Se hará previo informe en tal sentido del Servicio de Prevención.

c) Se determinará por el empresario, y dará información a los representantes de los trabajadores.

d) Se extenderá al período de lactancia.

18. La prevención de riesgos laborales deberá integrarse en el sistema general de gestión de la empresa a través de:

a) La política preventiva.

b) El plan de prevención.

c) El consenso de las partes.
d) El poder de decisión del empresario.

19. El objeto y carácter de la norma de la Ley 31/95 de Prevención de Riesgos Laborales dice:

a) La presente Ley tiene por objeto promover la salud de los trabajadores mediante la aplicación de medidas y el desarrollo de las actividades necesarias para la prevención de riesgos derivados del trabajo.
b) La presente Ley tiene por objeto promover la seguridad y la salud de los trabajadores mediante la aplicación de medidas y el desarrollo de las actividades necesarias para la prevención de riesgos derivados del trabajo.
c) La presente Ley tiene por objeto promover la seguridad de los trabajadores mediante la aplicación de medidas y el desarrollo de las actividades necesarias para la prevención de riesgos derivados del trabajo.
d) La presente Ley tiene por objeto promover la seguridad, la salud de los trabajadores y la negociación entre empresa y delegados de prevención, mediante la aplicación de medidas y el desarrollo de las actividades necesarias para la prevención de riesgos derivados del trabajo.

20. ¿Cuándo se deben utilizar los equipos de protección individual?

a) Siempre.
b) Cuando los riesgos no hayan sido evaluados.
c) Cuando los riesgos no se puedan evitar o no puedan limitarse.
d) Cuando el trabajador lo estime oportuno.

En MADTEST tienes **más preguntas de este tema**, y todos tus avances quedan registrados y se reflejan en el ranking.

¡Supera tus límites con MADTEST!

Solución al test n.º 5

1. d) Los delegados de prevención.

2. a) La posibilidad de que un trabajador sufra un determinado daño derivado del trabajo.

3. c) El empresario.

4. b) Una protección eficaz en materia de seguridad y salud en el trabajo.

5. c) Conjunto de actividades o medidas adoptadas o previstas en todas las fases de actividad de la empresa con el fin de evitar o disminuir los riesgos derivados del trabajo.

6. a) La Ley de Prevención de Riesgos Laborales se aplica a los operativos de Seguridad civil en casos de catástrofe.

7. d) Ley 31/1995, de 8 de noviembre.

8. b) Evaluar los riesgos que se puedan evitar.

9. c) 7.

10. d) El delegado de personal.

11. a) Informar directamente al empresario de cualquier situación que entrañe riesgo para la seguridad o salud de los trabajadores.

12. a) Más de 500 trabajadores.

13. d) El órgano de representación de personal podrá acordar la paralización de la actividad.

14. c) Las enfermedades, patologías o lesiones sufridas con motivo u ocasión del trabajo.

15. b) La naturaleza de los agentes físicos, químicos y biológicos presentes en el ambiente de trabajo y sus correspondientes intensidades, concentraciones o niveles de presencia.

16. a) La evaluación de riesgos y la planificación de la actividad preventiva.

17. a) Deberá realizarse en caso de imposibilidad de adaptación del propio puesto.

18. b) El plan de prevención.

19. b) La presente Ley tiene por objeto promover la seguridad y la salud de los traba-jadores mediante la aplicación de medidas y el desarrollo de las actividades necesarias para la prevención de riesgos derivados del trabajo.

20. c) Cuando los riesgos no se puedan evitar o no puedan limitarse.

TEST N.º 6

La protección de datos. Ley Orgánica 3/2018, de 5 de diciembre, de Protección de Datos Personales y Garantía de los Derechos Digitales: objeto, ámbito de aplicación y principios, definiciones, derechos de las personas

1. El artículo 4 de la LO 3/2018 señala que, conforme al artículo 5.1.d) del Reglamento (UE) 2016/679, los datos serán exactos y, si fuere necesario:

a) Actualizados.
b) Aproximados.
c) Normalizados.
d) Digitalizados.

2. Conforme al artículo 5.1 de la LO 3/2018, estarán sujetas al deber de confidencialidad:

a) Únicamente los responsables del tratamiento.
b) Los responsables y encargados del tratamiento.
c) Los responsables y encargados del tratamiento de datos, así como todas las personas que intervengan en cualquier fase de este.
d) Los responsables y encargados del tratamiento de datos, así como todas las personas que intervengan en todas las fases de este.

3. Conforme a los artículos 4.11 del RGPD y 6.1 de la LO 3/2018, se entiende por consentimiento del afectado la aceptación, ya sea mediante una declaración o una clara acción afirmativa, del tratamiento de datos personales que le conciernen manifestada por voluntad libre, de forma específica, informada e/y:

a) Detallada.
b) Unitaria.
c) Inequívoca.
d) Por escrito.

4. Cuando se pretenda fundar el tratamiento de los datos en el consentimiento del afectado para una pluralidad de finalidades:

a) Será preciso que conste de manera específica e inequívoca que dicho consentimiento se otorga para todas ellas.

b) Será necesario demostrar que el afectado consintió expresamente e inequívocamente en alguna de las finalidades y, que el resto de finalidades están claramente relacionadas con aquella.

c) El responsable debe demostrar la adecuación de las distintas finalidades a un único objeto.

d) El consentimiento del afectado sólo puede afectar a una finalidad. Cada finalidad precisa un consentimiento propio e independiente.

5. Conforme al principio de limitación de la finalidad, los datos personales serán recogidos con fines determinados, explícitos y:

a) Limitados.
b) Transparentes.
c) Compatibles.
d) Legítimos.

6. Según el artículo 8.1 de la LO 3/2018, el tratamiento de datos personales solo podrá considerarse fundado en el cumplimiento de una obligación legal exigible al responsable:

a) Cuando así lo prevea una norma de Derecho de la Unión Europea o una norma con rango de ley.

b) Cuando el tratamiento se considere una misión realizada en interés público.

c) Cuando se trate del ejercicio de poderes públicos conferidos al responsable.

d) Cuando el responsable sea un órgano u organismo público.

7. Conforme al artículo 9 de la LO 3/2018, de 5 de diciembre, de Protección de Datos Personales y garantía de los derechos digitales, cuál de los siguientes tratamientos de categorías especiales de datos fundados en el Derecho español deberá estar amparado en una norma con rango de ley:

a) Tratamiento necesario con fines de archivo en interés público, fines de investigación científica o histórica.

b) Tratamiento efectuado, en el ámbito de sus actividades legítimas y con las debidas garantías, por una fundación, una asociación o cualquier otro organismo sin ánimo de lucro, cuya finalidad sea política, filosófica, religiosa o sindical, siempre que el tratamiento se refiera exclusivamente a los miembros actuales o antiguos de tales organismos o a personas que mantengan contactos regulares con ellos en relación con sus fines y siempre que los datos personales no se comuniquen fuera de ellos sin el consentimiento de los interesados

c) Tratamiento necesario para fines de medicina preventiva o laboral, evaluación de la capacidad laboral del trabajador, diagnóstico médico, prestación de asistencia o tratamiento de tipo sanitario o social, o gestión de los sistemas y servicios de asistencia sanitaria y social.

d) Tratamiento referido a datos personales que el interesado ha hecho manifiestamente públicos.

8. Conforme al artículo 9 de la LO 3/2018, de 5 de diciembre, de Protección de Datos Personales y garantía de los derechos digitales, cuál de los siguientes tratamientos de categorías especiales de datos fundados en el Derecho español deberá estar amparado en una norma con rango de ley:

a) El interesado dio su consentimiento explícito para el tratamiento de dichos datos personales con uno o más de los fines especificados.

b) El tratamiento es necesario para el cumplimiento de obligaciones y el ejercicio de derechos específicos del responsable del tratamiento o del interesado en el ámbito del Derecho laboral y de la seguridad y protección social.

c) El tratamiento es necesario para proteger intereses vitales del interesado o de otra persona física, en el supuesto de que el interesado no esté capacitado, física o jurídicamente, para dar su consentimiento.

d) El tratamiento es necesario por razones de interés público en el ámbito de la salud pública, como la protección frente a amenazas transfronterizas graves para la salud, o para garantizar elevados niveles de calidad y de seguridad de la asistencia sanitaria y de los medicamentos o productos sanitarios.

9. Uno de los objetos de la Ley Orgánica 3/2018, de 5 de diciembre, de Protección de Datos Personales y garantía de los derechos digitales, es:

a) Adaptar el ordenamiento jurídico español al Reglamento General de Protección de Datos y completar sus disposiciones.

b) Establecer las normas relativas a la protección de las personas físicas en lo que respecta al tratamiento de los datos personales y las normas relativas a la libre circulación de tales datos.

c) Adaptar el Reglamento General de Protección de Datos al ordenamiento jurídico español y completar sus disposiciones.

d) Garantizar la seguridad de la transferencia de datos entre países de la Unión Europea.

10. Señalar la opción incorrecta. Conforme al artículo 11.2 de la LO 3/2018, la información básica que el responsable del tratamiento ha de facilitar al afectado, cuando los datos personales se hayan obtenido de éste, debe contener obligatoriamente:

a) La finalidad del tratamiento.

b) La identidad del responsable del tratamiento y de su representante, en su caso.

c) La posibilidad de ejercer los derechos establecidos en los artículos 15 a 22 del RGPD.

d) Las categorías de datos objeto de tratamiento.

11. Según el artículo 7.1 de la LO 3/2018, el tratamiento de los datos personales de un menor de edad únicamente podrá fundarse en su consentimiento cuando sea mayor de:

a) 12 años.

b) 13 años.

c) 14 años.

d) 16 años.

12. El derecho a la portabilidad de los datos:

a) Se podrá aplicar a los tratamientos que sean necesario para el cumplimiento de una misión realizada en interés público o en el ejercicio de poderes públicos conferidos al responsable del tratamiento.

b) A diferencia de otros derechos, podrá afectar negativamente a los derechos y libertades de otros.

c) Supone la obligación de que, en todo caso, los datos personales se transmitan directamente de responsable a responsable.

d) Requiere que el tratamiento se efectúe por medios automatizados.

13. Conforme al artículo 12 de la LO 3/2018, los derechos reconocidos en los artículos 15 a 22 del RGPD:

a) Sólo podrán ser ejercidos directamente por el afectado.

b) Deberán ejercerse bien directamente por el afectado o por representante legal.

c) Deberán ejercerse bien directamente por el afectado o por representante voluntario.

d) Podrán ejercerse directamente o por medio de representante legal o voluntario.

14. Según el artículo 12.4 de la LO 3/2018, la prueba del cumplimiento del deber de responder a la solicitud de ejercicio de sus derechos formulado por el afectado recaerá:

a) Sobre el responsable del tratamiento.

b) Sobre el encargado del tratamiento.

c) Bien sobre el responsable o bien sobre el encargado.

d) Sobre el representante legal del afectado.

15. En virtud del artículo 12 de la LO 3/2018 es cierto, en relación a los medios para que el afectado pueda ejercer sus derechos, que:

a) El encargado del tratamiento estará obligado a informar al afectado sobre los medios a su disposición para ejercer los derechos que le corresponden.

b) Los medios deberán ser consensuados con los afectados antes de poner en marcha el tratamiento.

c) Los medios deberán ser fácilmente accesibles para el afectado.

d) El ejercicio del derecho podrá ser denegado cuando el afectado opte por otro medio.

16. Conforme al artículo 16 del RGPD, teniendo en cuenta los fines del tratamiento, el interesado tendrá derecho a que se completen los datos personales que sean incompletos, inclusive mediante:

a) Levantamiento de acta.

b) Certificación de modificación.

c) Una declaración adicional.

d) Elaboración de anexos.

17. Conforme al artículo 17 del RGPD, el derecho de supresión no se podrá aplicar cuando:

a) Los datos personales ya no sean necesarios en relación con los fines para los que fueron recogidos o tratados de otro modo.

b) Los datos personales se hayan obtenido en relación con la oferta de servicios de la sociedad de la información.

c) Los datos personales hayan sido tratados ilícitamente.

d) Los datos personales sean necesarios para ejercer el derecho a la libertad de expresión e información.

18. Conforme al artículo 18 del RGPD, el interesado tendrá derecho a obtener del responsable del tratamiento la limitación del tratamiento de los datos:

a) Cuando los datos personales ya no sean necesarios en relación con los fines para los que fueron recogidos o tratados de otro modo.

b) Para que el interesado pueda ejercer el derecho a la libertad de expresión e información.

c) Cuando el interesado impugne la exactitud de los datos personales, durante un plazo que permita al responsable verificar la exactitud de los mismos.

d) Por razones de interés público en el ámbito de la salud pública.

19. En referencia al derecho de oposición, el artículo 21 del RGPD señala que:

a) Cuando el tratamiento de datos personales tenga por objeto la mercadotecnia directa, el interesado tendrá derecho a oponerse en todo momento al tratamiento de los datos personales que le conciernan.

b) A más tardar en el momento de la segunda comunicación con el interesado, el derecho de oposición será mencionado explícitamente al interesado y será presentado claramente y al margen de cualquier otra información.

c) Aun cuando el tratamiento de datos personales tenga por objeto la mercadotecnia directa, el interesado no podrá oponerse a la elaboración de perfiles relacionada con la citada mercadotecnia.

d) Los motivos legítimos para el tratamiento por parte del responsable del tratamiento no pueden prevalecer sobre los intereses, derechos y libertades del interesado.

20. Cuando las solicitudes de ejercicio de los derechos de un interesado en un tratamiento de datos de carácter personal sean manifiestamente infundadas o excesivas, especialmente debido a su carácter repetitivo, el responsable del tratamiento podrá cobrar un canon razonable en función de los costes administrativos afrontados para facilitar la información o la comunicación o realizar la actuación solicitada. A menos que exista causa legítima para ello, se podrá considerar repetitivo el ejercicio del derecho de acceso en más de una ocasión durante el plazo de (a partir de):

a) 3 meses.
b) 6 meses.
c) 10 meses.
d) 1 año.

En MADTEST tienes **más preguntas de este tema**, y todos tus avances quedan registrados y se reflejan en el ranking.

¡Supera tus límites con MADTEST!

Solución al test n.º 6

1. a) Actualizados.

2. c) Los responsables y encargados del tratamiento de datos, así como todas las personas que intervengan en cualquier fase de este.

3. c) Inequívoca.

4. a) Será preciso que conste de manera específica e inequívoca que dicho consentimiento se otorga para todas ellas.

5. d) Legítimos.

6. a) Cuando así lo prevea una norma de Derecho de la Unión Europea o una norma con rango de ley.

7. c) Tratamiento necesario para fines de medicina preventiva o laboral, evaluación de la capacidad laboral del trabajador, diagnóstico médico, prestación de asistencia o tratamiento de tipo sanitario o social, o gestión de los sistemas y servicios de asistencia sanitaria y social.

8. d) El tratamiento es necesario por razones de interés público en el ámbito de la salud pública, como la protección frente a amenazas transfronterizas graves para la salud, o para garantizar elevados niveles de calidad y de seguridad de la asistencia sanitaria y de los medicamentos o productos sanitarios.

9. a) Adaptar el ordenamiento jurídico español al Reglamento General de Protección de Datos y completar sus disposiciones.

10. d) Las categorías de datos objeto de tratamiento.

11. c) 14 años.

12. d) Requiere que el tratamiento se efectúe por medios automatizados.

13. d) Podrán ejercerse directamente o por medio de representante legal o voluntario.

14. a) Sobre el responsable del tratamiento.

15. c) Los medios deberán ser fácilmente accesibles para el afectado.

16. c) Una declaración adicional.

17. d) Los datos personales sean necesarios para ejercer el derecho a la libertad de expresión e información.

18. c) Cuando el interesado impugne la exactitud de los datos personales, durante un plazo que permita al responsable verificar la exactitud de los mismos.

19. a) Cuando el tratamiento de datos personales tenga por objeto la mercadotecnia directa, el interesado tendrá derecho a oponerse en todo momento al tratamiento de los datos personales que le conciernan.

20. b) 6 meses.

**Principios fundamentales de la bioética: dilemas éticos.
Normas legales de ámbito profesional. El secreto profesional:
concepto y regulación jurídica**

1. ¿A qué se refiere cualquier circunstancia, dicho o hecho que perjudica a una persona en sus intereses, derechos o reputación respecto a terceros?

a) Difamación.
b) Calumnia.
c) Asalto.
d) Agravio.

2. ¿Cuál de estos no es un componente básico de los 8 que cita Mayeroff a desarrollar para disponer de la capacidad de cuidar?

a) Confianza.
b) Prudencia.
c) Paciencia.
d) Honestidad y humildad.

3. ¿Cuál sería, entre los pasos a seguir para la toma de decisiones éticas, el último a efectuar en la práctica clínica?

a) Principios.
b) Resolución del problema.
c) Descripción de problemas.
d) Decisiones a tomar.

4. ¿A qué nos referimos con un conjunto sistemático de principios que motivan y guían las acciones éticas?

a) A un modelo para la toma ética de decisiones.
b) Al propio juicio de cada sujeto, sea este profesional o no.
c) A un paradigma moral.
d) A un axioma ético.

5. ¿Qué ética supone la comprensión de lo que define a una profesión y sus funciones, establecer si esta profesión constituye o no nuestro absoluto profesional?

a) Ética personal.
b) Ética social.
c) Ética profesional.
d) Del profesional de enfermería.

6. ¿Qué profesionales sanitarios, dentro del equipo asistencial, son los que mantienen frecuentemente una relación más estrecha y continuada con el enfermo?

a) Enfermeros y TCAEs.
b) Médicos de Atención Primaria.
c) Técnicos Superiores Sanitarios.
d) Médicos de Atención Especializada.

7. ¿Qué forma de relación terapéutica del personal de enfermería es aquella en la que se desenvuelve situándose este en el papel del enfermo, para, desde esa situación, poder establecer una distancia y aportar salud en la medida de lo posible?

a) Relación abierta.
b) Relación simpática.
c) Relación cerrada.
d) Relación empática.

8. De estos, ¿qué código o principio rigen la experimentación con seres humanos?

a) Código da Vinci.
b) Código de Estocolmo.
c) Declaración Humana de Berna.
d) Código de Nuremberg.

9. ¿Cómo se consigue el respeto a la persona en toda experimentación o investigación sobre la misma?

a) Se consigue mediante la búsqueda del bien.
b) Se consigue mediante la confidencialidad.
c) Se consigue mediante el consentimiento.
d) Se consigue mediante la confidencialidad y el consentimiento.

10. ¿Cómo se denomina al acto cuando se actúa no para beneficiar o perjudicar a los demás?

a) Acto incívico.
b) Acto inmoral.
c) Acto amoral.
d) Son ciertas las respuestas b) y c).

11. ¿Sobre qué principios se apoya toda la asistencia sanitaria?

a) Principios de beneficencia y autonomía.
b) Principios de beneficencia y justicia.
c) Principios de autonomía, beneficencia y justicia.
d) Principios de autonomía, beneficencia, no maleficencia y justicia.

12. ¿Qué modelo de relación clínica es aquella que se basa en que el médico, a partir de sus conocimientos, es el que va a dirigir todo el proceso?

a) Modelo estándar.
b) Modelo paternalista.
c) Modelo informativo.
d) Modelo interpretativo.

13. ¿A qué modelo de relación clínica nos referimos si se basa en que el médico ayuda al paciente a elegir, entre todos los valores relacionados con su salud y que puedan desarrollarse en el acto clínico, aquellos que se consideren los mejores?

a) Deliberativo.
b) Paternalista.
c) Informativo.
d) Interpretativo.

14. Todo lo que se expone respecto al derecho a la maternidad es cierto, excepto:

a) Cuando se lleve a cabo el derecho a la maternidad, nadie será discriminado en el acceso a las prestaciones y servicios previstos en esta ley por motivos de origen racial o étnico, religión, convicción u opinión, sexo, discapacidad, orientación sexual, edad, estado civil, o cualquier otra condición o circunstancia personal o social.
b) Se reconoce el derecho a la maternidad libremente decidida.
c) El Estado no será el que velará para que se garantice la igualdad en el acceso a las prestaciones y servicios establecidos por el Sistema Nacional de Salud que inciden en el ámbito de aplicación de esta ley, ya que existen otros autores.
d) Los poderes públicos, de conformidad con sus respectivas competencias, llevarán a cabo las prestaciones y demás obligaciones que establece la presente ley en garantía de la salud sexual y reproductiva.

15. ¿Qué requisito necesario no es correcto para que se practique la interrupción voluntaria del embarazo?

a) Que se practique por una matrona bajo la dirección de un médico de familia.
b) Que se practique por un médico especialista o bajo su dirección.
c) Que se realice con el consentimiento expreso y por escrito de la mujer embarazada o, en su caso, del representante legal.
d) Que se lleve a cabo en centro sanitario público o privado acreditado.

16. ¿Hasta qué momento máximo de la gestación se podrá interrumpir el embarazo a petición de la embarazada, siempre que concurran los requisitos que indica la ley?

a) Hasta la 8.ª semana de gestación.
b) Hasta la 12.ª semana de gestación.
c) Hasta la 14.ª semana de gestación.
d) Hasta la 22.ª semana de gestación.

17. ¿Cómo se denomina la omisión planificada de los cuidados que facilita la muerte del paciente, que seguramente si estos se dieran prolongarían la vida del enfermo?

a) Distanasia.
b) Eutanasia activa.
c) Ortotanasia.
d) Eutanasia pasiva.

18. ¿Qué documento es necesario que se expida tras un óbito para acreditar de forma fehaciente el fallecimiento de su causante y se envía inmediatamente al Registro Civil?

a) Certificado de defunción.
b) Certificado de últimas voluntades.
c) Testamento vital.
d) Certificado de autopsia.

19. ¿Qué define la eutanasia pasiva según el contexto de la eutanasia?

a) Administración de medicamentos letales.
b) Retiro de soporte vital.
c) Aplicación de cuidados paliativos.
d) Todas las anteriores.

20. Según la ley, ¿cómo se debe certificar la muerte?

a) Testimonio de un familiar.
b) Diagnóstico de un médico.
c) Confirmación del cese irreversible de las funciones vitales.
d) Reporte policial.

En MADTEST tienes **más preguntas de este tema**, y todos tus avances quedan registrados y se reflejan en el ranking.

¡Supera tus límites con MADTEST!

Solución al test n.º 7

1. d) Agravio.

2. b) Prudencia.

3. b) Resolución del problema.

4. a) A un modelo para la toma ética de decisiones.

5. c) Ética profesional.

6. a) Enfermeros y TCAEs.

7. d) Relación empática.

8. d) Código de Nuremberg.

9. d) Se consigue mediante la confidencialidad y el consentimiento.

10. c) Acto amoral.

11. d) Principios de autonomía, beneficencia, no maleficencia y justicia.

12. b) Modelo paternalista.

13. a) Deliberativo.

14. c) El Estado no será el que velará para que se garantice la igualdad en el acceso a las prestaciones y servicios establecidos por el Sistema Nacional de Salud que inciden en el ámbito de aplicación de esta ley, ya que existen otros autores.

15. a) Que se practique por una matrona bajo la dirección de un médico de familia.

16. c) Hasta la 14.ª semana de gestación.

17. d) Eutanasia pasiva.

18. a) Certificado de defunción.

19. b) Retiro de soporte vital.

20. c) Confirmación del cese irreversible de las funciones vitales.

TEST N.º 8

Trabajo en equipo: concepto de equipo, equipo multidisciplinar, el proceso de integración, consenso, motivación-incentivación y aprendizaje. Colaboración con otros profesionales

1. El funcionamiento objetivo de un equipo de trabajo debe reunir todas estas características excepto:

a) Determinación del fin a obtener de modo transparente.
b) El fin a obtener debe ser conocido por todos sus miembros.
c) Descripción de soluciones mediante la utilización de las sugerencias y soluciones expuestas por los miembros.
d) Ejecución del objetivo, exclusivamente a través del líder o superior.

2. ¿Qué es falso de estas afirmaciones?

a) Un grupo de personas es siempre un equipo de trabajo.
b) Un equipo de trabajo está formado siempre por un grupo de personas.
c) Un equipo es un grupo de personas que se organiza para realizar una actividad con un objetivo preciso.
d) Grupo y equipo son dos conceptos diferentes.

3. ¿Qué se define como la integración de elementos que da como resultado algo más grande que la simple suma de estos?

a) Antagonismo.
b) Coordinación.
c) Indiferencia.
d) Sinergia.

4. El compromiso en un trabajo en equipo es:

a) Cuando cada miembro asume voluntariamente el hecho de aportar lo mejor de sí mismo, para conseguir los objetivos del grupo y de la organización en general.
b) La necesidad de poder coordinar las distintas actuaciones individuales.

c) La interdependencia positiva entre las personas participantes en un equipo.
d) Todo lo anterior es falso.

5. ¿Cuál es la cifra recomendada en cuanto a número de miembros en los equipos de salud?

a) De aproximadamente 5.
b) De aproximadamente 10.
c) De aproximadamente 15.
d) De aproximadamente 20.

6. ¿En qué etapa de la puesta en marcha de un equipo de trabajo se superan generalmente los enfrentamientos personales y el proyecto comienza a salir adelante?

a) En la etapa de inicio.
b) En la etapa de madurez.
c) En la etapa de acoplamiento.
d) En la etapa de primeras dificultades.

7. ¿Qué rol de estos consideras que es funcional de producción en un equipo de trabajo?

a) El crítico.
b) El iniciador.
c) El pícaro.
d) El negativo.

8. ¿Cómo se denomina a aquel sujeto *con capacidad para formar, orientar y dar criterio a un determinado grupo de auxiliares, en una institución sanitaria*?

a) Líder.
b) Intelectual.
c) Asertivo.
d) Prolíder.

9. ¿Qué función de un líder de un grupo multidisciplinario no es adecuada?

a) Hacer que marche y funcione sin más la organización.
b) Ordenar y controlar los conflictos internos.
c) Imbuir el espíritu del grupo.
d) Definir la misión y el papel del grupo.

10. En un equipo de trabajo:

a) Su organización es muy jerárquica.
b) Cada miembro puede tener una manera particular de funcionar.

c) Es necesario que posean todos sus miembros la misma profesión.
d) Es necesaria la coordinación.

11. Los miembros de un equipo pueden desarrollar diversos roles. De los siguientes, indica cuál es un rol funcional:

a) El pícaro.
b) El gracioso.
c) El crítico.
d) El negativo.

12. ¿Cuál de las siguientes funciones dirías que no es propia del líder de un equipo?

a) Definir la misión y el papel del grupo.
b) Imbuir el espíritu de grupo.
c) Ordenar y controlar los conflictos internos.
d) Tomar decisiones.

13. ¿Qué tipo de equipo está constituido por un grupo de profesionales especializados en diferentes áreas, que trabajan de forma conjunta interactuando, compartiendo información, conocimientos o habilidades, trascendiendo su propio espacio disciplinar?

a) Equipo pluridisciplinar.
b) Equipo transdisciplinar.
c) Equipo multidisciplinar.
d) Equipo interdisciplinar.

14. La necesidad de seguridad en sentido estricto, la incluirías en factores motivadores:

a) Sociales.
b) Conductuales.
c) Psicológicos.
d) Orgánicos.

15. ¿Cuál de estas estrategias de motivación en el Sector Público no consideras muy factible y viable?

a) Complemento de productividad.
b) Salario.
c) Complemento monetario.
d) Son todas buenas estrategias.

16. ¿Cómo se realiza la estrategia de incentivación ampliamente utilizada en las empresas, mediante el sistema de logro de objetivos?

a) Mediante la participación en la toma de decisiones.
b) Mediante la utilización de elogios.
c) Mediante el enriquecimiento del trabajo.
d) Mediante la especificación de objetivos por área.

17. ¿Qué teoría de la motivación es aquella que considera que aprendizaje y motivación son los determinantes necesarios del comportamiento?

a) El racionalismo tradicional.
b) La teoría de Hull-Spence.
c) La teoría de motivación-higiene de Herzberg.
d) El mecanicismo.

18. La colaboración del TCAE con otros profesionales se considera esencial porque:

a) Permite que el TCAE trabaje de forma independiente.
b) Garantiza una atención integral, segura y de calidad al paciente.
c) Evita la comunicación con el resto del equipo sanitario.
d) Sustituye la función de médicos y enfermeras.

19. Una de las principales funciones del TCAE en la colaboración con otros profesionales es:

a) Diagnosticar enfermedades.
b) Prescribir tratamientos.
c) Transmitir información clara y veraz sobre el estado del paciente.
d) Dirigir al resto del equipo sanitario.

20. Entre los beneficios de una buena colaboración entre profesionales de la salud se encuentra:

a) Mayor cohesión del equipo y prevención de errores.
b) Mayor aislamiento del TCAE en sus funciones.
c) Reducción del número de profesionales necesarios.
d) Eliminación de la figura del médico.

En MADTEST tienes **más preguntas de este tema**, y todos tus avances quedan registrados y se reflejan en el ranking.

¡Supera tus límites con MADTEST!

Solución al test n.º 8

1. d) Ejecución del objetivo, exclusivamente a través del líder o superior.

2. a) Un grupo de personas es siempre un equipo de trabajo.

3. d) Sinergia.

4. a) Cuando cada miembro asume voluntariamente el hecho de aportar lo mejor de sí mismo, para conseguir los objetivos del grupo y de la organización en general.

5. b) De aproximadamente 10.

6. c) En la etapa de acoplamiento.

7. b) El iniciador.

8. a) Líder.

9. a) Hacer que marche y funcione sin más la organización.

10. d) Es necesaria la coordinación.

11. b) El gracioso.

12. d) Tomar decisiones.

13. b) Equipo transdisciplinar.

14. d) Orgánicos.

15. b) Salario.

16. d) Mediante la especificación de objetivos por área.

17. b) La teoría de Hull-Spence.

18. b) Garantiza una atención integral, segura y de calidad al paciente.

19. c) Transmitir información clara y veraz sobre el estado del paciente.

20. a) Mayor cohesión del equipo y prevención de errores.

TEST N.º 9

Comunicación: concepto y tipos de comunicación. Habilidades para la comunicación. La relación con el paciente. La empatía y la escucha activa. Relación de ayuda. Control del estrés

1. Al individuo que habla, gesticula, escribe, pinta, etc., en la comunicación, se le denomina:

a) Mensajero.
b) Fuente.
c) Receptor.
d) Destino.

2. ¿Cómo se denomina la comunicación en que se emite un mensaje por parte del emisor que llega al receptor, consiguiendo que este ejecute una tarea o una función?

a) Comunicación Horizontal.
b) Comunicación Diagonal.
c) Comunicación Vertical.
d) Comunicación Triangular.

3. ¿A qué se denomina el método que permite a una persona hacer comprensible a otra cualquier idea o hecho que se le quiere transmitir?

a) Comunicación.
b) Transmisión.
c) Explicación o charla.
d) Transferencia.

4. ¿Qué barrera del lenguaje se da por discapacidad física?

a) Neurosis.
b) Alteraciones de la memoria.
c) Ceguera.
d) Psicosis.

5. ¿Cuál es el objetivo en la relación interpersonal celador/paciente/familiar?

a) La salud.
b) La eficiencia profesional.
c) La ayuda.
d) La eficacia profesional.

6. ¿Qué término se aplica cuando en una relación interpersonal no se consigue lo que se esperaba?

a) Enojo.
b) Frustración.
c) Agresividad.
d) Deserción.

7. ¿En qué pilares ha de basarse la relación interpersonal?

a) Compromiso, objetivo común y desinterés.
b) Sinceridad, confianza y respeto.
c) Cooperación, dominación y aislamiento.
d) Confianza, creatividad, compromisos renovados y respeto mutuo.

8. ¿Cómo se denomina aquella habilidad personal que nos permite expresar sentimientos, opiniones y pensamientos, en el momento oportuno, de la forma adecuada, sin negar ni desconsiderar los derechos de los demás?

a) Compromiso.
b) Empatía.
c) Simpatía.
d) Asertividad.

9. ¿Qué estilo de comunicación favorece la cooperación y evita la confrontación?

a) Comunicación agresiva.
b) Comunicación pasiva.
c) Comunicación asertiva.
d) Comunicación manipulativa.

10. En el proceso de comunicación, ¿cuál es el principal obstáculo cuando el técnico utiliza un lenguaje que el paciente no puede descodificar?

a) Terminología científica.
b) Expresión no verbal.
c) Flujo de información excesivo.
d) Interferencias psicológicas.

11. ¿Cuál de los siguientes no es un componente de la actitud según la psicología social?

a) Componente cognoscitivo.
b) Componente afectivo.
c) Componente motivacional.
d) Componente conductual.

12. Cuando un técnico en Cuidados Auxiliares de Enfermería se comunica con el paciente, trata de compartir adecuadamente todo lo que se expone, excepto:

a) Informaciones e ideas.
b) Actitudes.
c) Sentimientos.
d) Asuntos personales de trascendencia del técnico.

13. La comunicación que emplea el código dibujos es:

a) Lingüística escrita.
b) Lingüística visual.
c) No lingüística visual.
d) No lingüística gestual.

14. En la distancia pública el TCAE y el paciente que se comunican están separados en más de:

a) 0,5 m.
b) 1 m.
c) Más de 2 m
d) Entre 1 y 2 m.

15. ¿En qué componentes de las actitudes, según el modelo de McGill, se deben sustentar el apoyo y la ayuda a la persona enferma, y por ello en su formación?

a) Habilidades sociales y componente conductual de la actitud.
b) Componente físico y conductual de la actitud.
c) Componente afectivo, cognoscitivo y conductual de la actitud.
d) Componente físico, afectivo, cognoscitivo y conductual de la actitud.

16. El estrés no deseable se denomina:

a) Cutrés.
b) Eustrés.
c) Distrés.
d) Nada de lo anterior es correcto.

17. ¿Generalmente qué forma tiene la fase de adaptación o resistencia del estrés en la curva?

a) De subida rápida ("s" empinada).
b) De subida lenta ("s" poco empinada).
c) De meseta (recta de mayor o menor longitud).
d) De caída lenta ("s" invertida poco empinada).

18. ¿Qué atributo no pertenece al tipo A, como patrón conductual de enfrentamiento al estrés?

a) Persona de enfrentamiento directo y así muestran su hostilidad.
b) Habla con voz potente, alta, rápida y con aceleración final de las frases.
c) Camina rápido.
d) Raro que interrumpa las conversaciones de otros.

19. Nombra las hormonas del primer nivel jerárquico que intervienen en la regulación del estrés:

a) Andrógenos y glucocorticoides.
b) CRF y ACTH.
c) Adrenalina y noradrenalina.
d) Catecolaminas.

20. ¿Cuál es la secuencia correcta de las fases del síndrome general de adaptación de Selye?

a) Resistencia – Alarma – Agotamiento.
b) Alarma – Resistencia – Agotamiento.
c) Agotamiento – Alarma – Resistencia.
d) Resistencia – Agotamiento – Alarma.

En MADTEST tienes **más preguntas de este tema**, y todos tus avances quedan registrados y se reflejan en el ranking.

¡Supera tus límites con MADTEST!

Solución al test n.º 9

1. b) Fuente.

2. a) Comunicación Horizontal.

3. c) Explicación o charla.

4. c) Ceguera.

5. c) La ayuda.

6. b) Frustración.

7. b) Sinceridad, confianza y respeto.

8. d) Asertividad.

9. c) Comunicación asertiva.

10. a) Terminología científica.

11. c) Componente motivacional.

12. d) Asuntos personales de trascendencia del técnico.

13. c) No lingüística visual.

14. c) Más de 2 m.

15. c) Componente afectivo, cognoscitivo y conductual de la actitud.

16. c) Distrés.

17. c) De meseta (recta de mayor o menor longitud).

18. d) Raro que interrumpa las conversaciones de otros.

19. b) CRF y ACTH.

20. b) Alarma – Resistencia – Agotamiento.

Actividades del Técnico Medio Sanitario en Cuidados Auxiliares de Enfermería en Atención Primaria y Atención Hospitalaria. Coordinación entre niveles asistenciales. Concepto de cuidados, necesidades básicas y autocuidados. El hospital y los problemas psicosociales y de adaptación del paciente hospitalizado

1. Cuando en un sistema de atención a la salud hablamos de Atención Secundaria hacemos referencia:

a) Al nivel más básico y elemental del sistema.
b) A un nivel no básico sino especializado.
c) A un nivel superespecializado del sistema.
d) Ninguna respuesta es correcta.

2. Señale la respuesta incorrecta respecto al concepto de Atención Primaria:

a) Constituye el primer nivel de acceso ordinario de la población al Sistema Sanitario Público, y se caracteriza por prestar atención integral a la salud.

b) En los servicios de Atención Primaria el usuario halla respuesta a sus problemas más habituales de salud y enfermedad, y sólo cuando el diagnóstico y tratamiento lo requieran y ya no pueda ser atendido con los medios de ese primer nivel, será derivado a la Atención Especializada.

c) La Atención Primaria se desarrolla al principio de la década de los sesenta, como una reacción en contra del sistema sanitario básicamente hospitalario y curativo, especializado, costoso, tecnificado, y alejado del individuo.

d) En los servicios de Atención Primaria el usuario halla respuesta a sus problemas más habituales de salud y enfermedad, y sólo cuando el diagnóstico y tratamiento lo requieran y ya no pueda ser atendido con los medios de ese primer nivel, será derivado a la Atención Especializada.

3. ¿Dónde se realizó la Conferencia Internacional sobre Atención Primaria de Salud en la que se definió en su punto VI lo que debe entenderse por Atención Primaria?

a) En Boston.
b) En Berlín.

c) En Kiev.
d) En Alma-Ata.

4. ¿En qué fecha se hizo pública en Alma-Ata, capital de Kazajstán, antigua República Soviética, la Conferencia Internacional sobre Atención Primaria de Salud?

a) El 12 de septiembre de 1978.
b) El 15 de octubre de 1978.
c) El 19 de noviembre de 1978.
d) El 2 de enero de 1980.

5. Una de las características de la Atención Primaria de Salud:

a) Los Ambulatorios y los Consultorios han venido a sustituir a los Centros de Salud.
b) Se han instaurado nuevos horarios y régimen de personal, ya no es necesario una dedicación exclusiva al sistema sanitario público por parte de los profesionales.
c) Surge una nueva sectorización del territorio, desaparecen las Zonas Básicas de Salud.
d) Se crean nuevos profesionales que se incorporan, tales como los Trabajadores Sociales, Odontólogos, Farmacéuticos y Veterinarios y los Técnicos de Salud Pública.

6. Señale cuál de las siguientes no es una de las características de la Atención Primaria de Salud:

a) Se establecen nuevos servicios como la cita previa programada, Historia Clínica familiar e individual, Consultas de Enfermería, Consultas del «niño sano», Servicios de Información al Usuario, etc.
b) Surge una nueva concepción de la asistencia sanitaria, individual y colectiva, en la que no sólo se curan individuos enfermos sino que se promociona la salud y se educan individuos sanos.
c) Desaparecen antiguas áreas asistenciales tales como Salud laboral, Salud Mental, Asistencia social, Enfermos crónicos, etc.
d) Se crea una nueva sectorización del territorio, las Zonas Básicas de Salud.

7. Uno de los objetivos de la Atención Primaria de Salud es:

a) La promoción de la salud, prevención de la enfermedad y asistencia curativa.
b) La educación sanitaria de la población.
c) La planificación, organización y dirección y evaluación de los servicios sanitarios.
d) Todas las respuestas son correctas.

8. Uno de los objetivos de la Atención Primaria de Salud es:

a) La integración de la actividad sanitaria asistencial y la preventiva.
b) La elevación del nivel de calidad del sistema de salud, y del grado de satisfacción de usuarios y profesionales.

c) El diagnóstico continuado de la salud de la Zona.

d) Todas las respuestas son correctas.

9. ¿En qué se diferencia la Atención Especializada de la Atención Primaria?

a) En que la Atención Especializada se presta en régimen ambulatorio y la Atención Primaria no.

b) En que la Atención Especializada se presta en régimen de urgencias y la Atención Primaria no.

c) En que sólo la Atención Especializada ofrece la asistencia en régimen de internamiento.

d) Todas las respuestas son correctas.

10. ¿Cuál es la estructura física fundamental de la Atención Especializada?

a) El Centro de Salud.

b) El Ambulatorio.

c) El Consultorio.

d) El Hospital.

11. Uno de los objetivos de la Atención Especializada es:

a) Prestar asistencia ambulatoria especializada.

b) Posibilitar la hospitalización de los pacientes que lo precisen.

c) Poner sus Centros e Instituciones a disposición de la investigación y docencia en materia de salud.

d) Todas las respuestas son correctas.

12. ¿Cuál de las siguientes no es una ventaja de trabajar con un modelo de enfermería?

a) La valoración se hace sobre la base de los signos y síntomas.

b) La atención prestada es integral.

c) Permite llevar a cabo todo el proceso de atención de enfermería.

d) La valoración se hace sobre la base de respuestas humanas.

13. Se considera matriarca de la enfermería a:

a) Virginia Henderson.

b) Nancy Roper.

c) Dorotea Orem.

d) Florence Nightingale.

14. ¿Cuál de las siguientes autoras pertenece al modelo de relaciones interpersonales?

a) Nancy Roper.
b) Callista Roy.
c) Orlando.
d) Virginia Henderson.

15. ¿A qué modelo de enfermería pertenece Hildegarde Peplau?

a) Modelos de sistemas.
b) Modelos de autocuidados.
c) Modelos interaccionistas.
d) Modelos naturistas.

16. ¿Cuál de las siguientes son necesidades básicas del paciente, según Virginia Henderson?

a) Realizar prácticas religiosas según la fe de cada uno.
b) Eludir los riesgos del entorno y evitar lesionar a otros.
c) Moverse y mantener la posición deseada.
d) Todas son correctas.

17. La meta de Virginia Henderson es:

a) La adaptación del paciente.
b) El máximo grado de crecimiento personal del paciente.
c) Identificar las necesidades del paciente.
d) La independencia del paciente.

18. ¿Qué autora señala tres niveles en la relación enfermera-paciente?

a) Virginia Henderson.
b) Travelbee.
c) Orlando.
d) Hildegarde Peplau.

19. Según Dorotea Orem, la función de enfermería es:

a) Apreciar las necesidades básicas humanas.
b) Facilitar atención para influir de alguna forma sobre el paciente con el fin de que este evolucione y llegue a conseguir un óptimo nivel de autocuidado.
c) Diagnosticar y tratar si la situación lo exige.
d) Ayudar a las personas sanas y enfermas.

20. Según Dorotea Orem, el Sistema en el que enfermera y paciente realizan medidas de asistencia y otras actividades manipulativas o de deambulación, se denomina:

a) Sistema de enfermería educativo.
b) Sistema de enfermería parcialmente compensador.
c) Sistema de enfermería totalmente compensador.
d) Sistema de apoyo.

En MADTEST tienes **más preguntas de este tema**, y todos tus avances quedan registrados y se reflejan en el ranking.

¡Supera tus límites con MADTEST!

Solución al test n.º 10

1. b) A un nivel no básico sino especializado.

2. c) La Atención Primaria se desarrolla al principio de la década de los sesenta, como una reacción en contra del sistema sanitario básicamente hospitalario y curativo, especializado, costoso, tecnificado, y alejado del individuo.

3. d) En Alma-Ata.

4. a) El 12 de septiembre de 1978.

5. d) Se crean nuevos profesionales que se incorporan, tales como los Trabajadores Sociales, Odontólogos, Farmacéuticos y Veterinarios y los Técnicos de Salud Pública.

6. c) Desaparecen antiguas áreas asistenciales tales como Salud laboral, Salud Mental, Asistencia social, Enfermos crónicos, etc.

7. d) Todas las respuestas son correctas.

8. d) Todas las respuestas son correctas.

9. c) En que sólo la Atención Especializada ofrece la asistencia en régimen de internamiento.

10. d) El Hospital.

11. d) Todas las respuestas son correctas.

12. a) La valoración se hace sobre la base de los signos y síntomas.

13. d) Florence Nightingale.

14. c) Orlando.

15. c) Modelos interaccionistas.

16. d) Todas son correctas.

17. d) La independencia del paciente.

18. a) Virginia Henderson.

19. b) Facilitar atención para influir de alguna forma sobre el paciente con el fin de que este evolucione y llegue a conseguir un óptimo nivel de autocuidado.

20. b) Sistema de enfermería parcialmente compensador.

TEST N.º 11

Archivo y documentación sanitaria clínica y no clínica. Sistemas de información utilizados en Atención Primaria y Hospitalaria: Generalidades. Servicio de admisión y atención al usuario: funcionamiento. El consentimiento informado: concepto

1. ¿Cada cuánto tiempo generalmente se deben actualizar las órdenes de tratamientos?

a) Cada día.
b) Cada tres días.
c) Cada semana.
d) Cada mes.

2. ¿En qué hoja operatoria se hace constar las peticiones al banco de sangre, radiodiagnóstico, los envíos a anatomía patológica, etc.?

a) Hoja de enfermería.
b) Hoja de intervención quirúrgica.
c) Hoja de anestesia.
d) Hoja de diagnóstico.

3. En los registros de actividades y codificación a nivel sanitario, se podrá incluir los datos siguientes, excepto:

a) Código postal del domicilio habitual del paciente.
b) Número de Historia clínica del enfermo.
c) Orientación sexual del paciente.
d) Se podrá incluir todo.

4. El consumo de alcohol, como hábito tóxico, se debe expresar en la Historia Clínica como:

a) Centímetros cúbicos de alcohol al día.
b) Volumen total de etanol en una semana.

c) Gramos de etanol al día.

d) Masa total de alcohol en una semana.

5. ¿Dónde suele emplearse el orden alfabético en la ordenación de Historias Clínicas de pacientes?

a) En el medio rural.

b) En el medio urbano.

c) En países árabes.

d) En algunas Comunidades Autónomas, por considerarse algo tradicional.

6. ¿Con qué fin, la unidad de admisión dispondrá de un dispositivo orgánico en la puerta de urgencias del hospital?

a) Con el fin de evitar recibir a los usuarios/pacientes.

b) Con el fin de no registrar las entradas y las salidas del hospital.

c) Con el fin de distribuir a los usuarios/pacientes a la consulta o servicio que corresponda.

d) Con el fin de atender al enfermo en sus necesidades.

7. ¿Cómo puede actuar la Admisión de urgencias en un hospital?

a) Como oficina delegada durante el día.

b) Como unidad central de Admisión en días o circunstancias especiales (festivos, noches, etc.).

c) Como oficina delegada durante el día y como unidad central de Admisión en días o circunstancias especiales (festivos, noches, etc.).

d) Como oficina propiamente de Admisión o como oficina de Atención y Orientación al usuario/paciente.

8. ¿Qué función de estas no desempeña la Unidad de Admisión de urgencias en la recepción y registro de los pacientes?

a) Datos de filiación del paciente (nombre y apellidos, edad, sexo, domicilio…).

b) Persona que lo remite a urgencias: médico de familia, especialista, autoridad, o por propia iniciativa.

c) Motivo de la urgencia.

d) Fecha del alta y causa de la misma: curación, alta voluntaria, traslado a otro centro, defunción u otras causas.

9. ¿Por qué Plan se regirá la Admisión de Consultas en un Hospital?

a) Se regirá por el Plan de Organización de las Consultas Externas.

b) Se regirá por el Plan de Organización de las Consultas Internas.

c) Se regirá por el Plan de Organización de las Consultas de Urgencias.

d) Se regirá por el Plan de Organización de las Consultas Externas, Internas y de Urgencias.

10. La Admisión hospitalaria de los pacientes será:

a) No centralizada.
b) Centralizada.
c) No prioritaria.
d) Específica, según especialidad.

11. ¿De quién depende y a qué está adscrito el Servicio de Atención al Paciente (SAP) o Servicio de Información al Usuario (SIU) si no existe Gerencia?

a) Depende y está adscrito exclusivamente a la División de Enfermería.
b) Depende y está adscrito exclusivamente a la División de Docencia e Investigación.
c) Depende y está adscrito exclusivamente a la División Médica.
d) Depende y está adscrito al Servicio de Recursos Humanos, y si no existe este, queda adscrito a la División Médica.

12. Para el traslado de un paciente es necesario:

a) Que este lo realice con comodidad.
b) Llevarlo a cabo en el tiempo que sea necesario, impidiendo que se haga en la menor duración posible, ya que se podrían producir accidentes de tráfico.
c) El celador supervisará cómo los familiares le ayudan a acomodarse dentro del vehículo.
d) Los traslados dentro del mismo hospital, de un servicio a otro, no exige que el servicio de Admisión lo autorice.

13. El acrónimo SAP se corresponde dentro de un hospital con:

a) El Servicio Asistencial Público.
b) El Servicio de Admisión al Público.
c) El Servicio de Atención al Paciente.
d) Nada de lo anterior es correcto.

14. ¿Qué servicio dentro del hospital, se encargará de indicar a un familiar de un paciente la información referida a servicios ciudadanos ajenos al centro?

a) SIU.
b) SOAP.
c) SIEP.
d) SOP.

15. ¿Qué estadísticas de estas no se manejan en el Servicio de Atención al Paciente?

a) Nivel de satisfacción de los usuarios.
b) Motivos de queja o reclamación.
c) Tipo de información solicitada.
d) Número de camas ocupadas en un período de tiempo.

16. ¿Qué fundamento ético es aquel que exige que todas las personas sean tratadas con el mismo respeto y consideración en el orden social?

a) Justicia.
b) No maleficencia.
c) Autonomía.
d) Beneficencia.

17. El consentimiento informado (aceptación):

a) Culmina siempre con la aceptación del paciente a un procedimiento diagnóstico o terapéutico.
b) Culmina con la aceptación/negación del paciente a un procedimiento diagnóstico o terapéutico.
c) Se contempla como un proceso de transmisión de responsabilidades hacia el paciente.
d) Debe constar siempre por escrito.

18. Si un paciente se niega a firmar el Consentimiento Informado:

a) El médico especialista tiene el deber de ejercer la presión necesaria para que cambie de opinión, ya que es lo mejor para su salud.
b) Se le debe instar a firmar su "no autorización" y el alta voluntaria.
c) El enfermo tiene la obligación de revelar por escrito las causas que le llevan a tomar esta decisión.
d) El enfermo no puede negarse, bajo ningún concepto.

19. El derecho de toda persona a que se respete el carácter confidencial de los datos referentes a su salud, se trata del derecho a:

a) La salud.
b) La intimidad.
c) La autonomía.
d) La vida.

20. Según normativa, ¿quién es el titular de derecho a la información asistencial?

a) Exclusivamente el paciente.
b) El paciente y sus familiares.
c) El paciente, sus familiares y si lo hubiese el tutor legal o responsable.
d) El paciente y su cónyuge exclusivamente.

En MADTEST tienes **más preguntas de este tema,** y todos tus avances quedan registrados y se reflejan en el ranking.

¡Supera tus límites con MADTEST!

Solución al test n.º 11

1. a) Cada día.

2. a) Hoja de enfermería.

3. c) Orientación sexual del paciente.

4. c) Gramos de etanol al día.

5. a) En el medio rural.

6. c) Con el fin de distribuir a los usuarios/pacientes a la consulta o servicio que corresponda.

7. c) Como oficina delegada durante el día y como unidad central de Admisión en días o circunstancias especiales (festivos, noches, etc.).

8. d) Fecha del alta y causa de la misma: curación, alta voluntaria, traslado a otro centro, defunción u otras causas.

9. a) Se regirá por el Plan de Organización de las Consultas Externas.

10. b) Centralizada.

11. c) Depende y está adscrito exclusivamente a la División Médica.

12. a) Que este lo realice con comodidad.

13. c) El Servicio de Atención al Paciente.

14. a) SIU.

15. d) Número de camas ocupadas en un período de tiempo.

16. a) Justicia.

17. b) Culmina con la aceptación/negación del paciente a un procedimiento diagnóstico o terapéutico.

18. b) Se le debe instar a firmar su "no autorización" y el alta voluntaria.

19. b) La intimidad.

20. a) Exclusivamente el paciente.

TEST N.º 12

Atención y cuidados del paciente en las necesidades de higiene: concepto. Higiene general y parcial: de la piel y capilar. Higiene del paciente encamado: total y parcial. Técnica de baño asistido

1. ¿Qué elemento o elementos anatómicos de estos no pertenece al sistema tegumentario?

a) Piel.
b) Pelos.
c) Uñas.
d) Cartílagos.

2. El tejido celular subcutáneo de la piel se denomina:

a) Dermis.
b) Hipodermis.
c) Epidermis.
d) Tejido de Malpighio.

3. ¿Dónde no hay glándulas sebáceas?

a) En axilas.
b) En plantas del pie y palmas de las manos.
c) En cuero cabelludo.
d) En cara.

4. ¿Cómo se denomina la parte de las uñas que se observa en sus zonas proximales en forma de zona blanquecina semicircular?

a) Cutícula.
b) Lúnula.
c) Bulbo.
d) Médula.

5. ¿Cómo se denomina la lesión primaria de la piel, elevada, circunscrita, infiltrada, producida por inflamación crónica y que deja cicatriz cuando resuelve?

a) Tubérculo.
b) Roncha.
c) Habón.
d) Vesícula.

6. ¿Qué lesión elemental primaria de la piel es aquella que se manifiesta sobreelevada y de contenido sólido, inferior a 1 cm de diámetro?

a) Pápula.
b) Mácula.
c) Púrpura.
d) Ampolla.

7. ¿Qué lesión secundaria y elemental de la piel es producida por desecación de exudados o sangre?

a) Pústula.
b) Escama.
c) Costra.
d) Liquenificación.

8. Una erosión en la piel se define como aquella lesión elemental que se manifiesta como:

a) Una pérdida superficial de la epidermis que cura sin cicatriz.
b) Una solución de continuidad que afecta a epidermis y dermis papilar.
c) Una pérdida de sustancia que afecta a epidermis, dermis y tejido subcutáneo.
d) Una pequeña elevación cutánea parecida a la ampolla pero contiene en su interior pus.

9. ¿Qué dermatosis es muy frecuente en adolescencia (hasta en el 80 %)?

a) Acné.
b) Psoriasis.
c) Vitíligo.
d) Forúnculos.

10. ¿Qué infección de la piel es vírica?

a) Psoriasis.
b) Herpes simple.
c) Forúnculo.
d) Escabiosis.

11. La denominada vulgarmente como "ladilla" la ocasiona:

a) *Pediculis humanus capitis*.
b) *Pediculis humanus corporis*.
c) *Phthirus pubis*.
d) *Pediculis scrotae*.

12. La escabiosis es otra denominación de:

a) La sarna.
b) La pediculosis.
c) La psoriasis.
d) El nevus cutáneo.

13. La afección de la piel conocida como "manchas vino de Oporto" se corresponde a:

a) Nevus azul.
b) Angiomas planos.
c) Angiomas cavernosos.
d) Nevus melanocítico congénito o adquirido.

14. ¿Qué es falso del melanoma?

a) Es un tumor maligno de la piel.
b) Se da más frecuentemente en sujetos de piel oscura o morena intensa, sin necesidad de exponerse al sol.
c) Es un melanoma con poca o nada de pigmentación es un factor de mal pronóstico.
d) Es más frecuentes en mujeres.

15. ¿Qué baño es aquel que, aun conservando la movilidad, el paciente no puede levantarse, por lo que él asume su higiene siendo auxiliado en caso necesario por la enfermera?

a) Baño completo en la cama.
b) Baño en la cama.
c) Baño parcial.
d) Baño kinestésico.

16. ¿Qué elementos o materiales necesarios para el aseo del paciente son de lavado?

a) Hule.
b) Manta de baño.
c) Esponjas y guantes.
d) Cuña.

17. El lavado de cabellos del paciente debe realizarse aproximadamente:

a) Todos los días.
b) Cada tres días.
c) Una vez a la semana.
d) Depende de la suciedad que este tenga.

18. ¿Cuál debe ser la temperatura del agua para el baño, si se realiza la técnica del baño completo en la cama?

a) 180 ºC.
b) 22-24 ºC.
c) 30-32 ºC.
d) 37-40 ºC.

19. ¿En qué posición debe colocarse al paciente para llevar a cabo la higiene del cabello?

a) En posición de Trendelenburg.
b) En posición de Roser o Proetz.
c) En posición de Morestín.
d) En posición de Sims.

20. ¿Qué zona de la uña indica la incógnita de la imagen?

a) Placa ungueal.
b) Lúnula.
c) Eponiquio.
d) Cutícula.

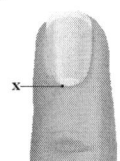

En MADTEST tienes **más preguntas de este tema**, y todos tus avances quedan registrados y se reflejan en el ranking.

¡Supera tus límites con MADTEST!

Solución al test n.º 12

1. d) Cartílagos.

2. b) Hipodermis.

3. b) En plantas del pie y palmas de las manos.

4. b) Lúnula.

5. a) Tubérculo.

6. a) Pápula.

7. c) Costra.

8. a) Una pérdida superficial de la epidermis que cura sin cicatriz.

9. a) Acné.

10. b) Herpes simple.

11. c) *Phthirus pubis*.

12. a) La sarna.

13. b) Angiomas planos.

14. b) Se da más frecuentemente en sujetos de piel oscura o morena intensa, sin necesidad de exponerse al sol.

15. b) Baño en la cama.

16. c) Esponjas y guantes.

17. c) Una vez a la semana.

18. d) 37-40 ºC.

19. b) En posición de Roser o Proetz.

20. c) Eponiquio.

TEST N.º 13

Atención y cuidados del paciente encamado: posición anatómica y alineación corporal. Procedimientos de preparación de las camas. Cambios posturales. Drenajes y catéteres: manipulación y cuidado. Técnicas de deambulación. Técnicas de traslado

1. ¿Qué porción anatómica no forma parte del aparato locomotor?

a) Músculos.
b) Huesos.
c) Articulaciones.
d) Nervios.

2. ¿Qué hueso es corto?

a) Ganchoso.
b) Peroné.
c) Tibia.
d) Cúbito.

3. ¿Qué hueso es arqueado?

a) Radio.
b) Etmoides.
c) Hioides.
d) Unguis.

4. ¿Qué eje predomina en los huesos largos?

a) El eje longitudinal.
b) El eje transversal.
c) El eje sagital.
d) El eje horizontal.

5. ¿De qué tipo de tejido básico es variante el tejido óseo?

a) De tejido fibroso.
b) De tejido conjuntivo.
c) De tejido nervioso.
d) De tejido epitelial.

6. Los cambios posturales del enfermo encamado para prevenir la aparición de úlceras se efectuarán cada:

a) 2-3 horas.
b) 4-5 horas.
c) 6-8 horas.
d) 12 horas.

7. ¿Qué posición es de mucha utilidad en las embarazadas para evitar el "síndrome de hipotensión en decúbito supino" que se produce como consecuencia de la compresión del útero sobre la vena cava inferior?

a) Decúbito dorsal.
b) Decúbito lateral izquierdo o derecho.
c) Decúbito prono.
d) Decúbito ventral.

8. ¿Qué ángulo forma el paciente que se encuentra en la posición de Fowler semisentado, con la cabecera levantada y piernas ligeramente flexionadas?

a) 15º.
b) 30º.
c) 45º.
d) 60º.

9. La posición de seguridad, en la que se coloca a los enfermos inconscientes para facilitarles la eliminación de las secreciones y evitarles la broncoaspiración es:

a) La posición de Sims.
b) La posición de decúbito supino.
c) La posición de Fowler.
d) La posición de Trendelenburg.

10. ¿Qué posición es la de la imagen?

a) Posición de Trendelenburg.
b) Posición de Morestin.
c) Posición de Roser.
d) Posición de Fowler.

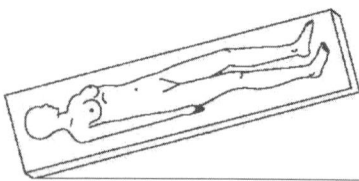

11. ¿Cuál de estos elementos es el primero en el orden de lencería?

a) Hule.
b) Entremetida.
c) Manta.
d) Colcha.

12. ¿Qué número de TCAE es recomendable para la técnica de hacer la cama ocupada?

a) Ninguno, ya que se encarga el celador.
b) Uno.
c) Dos.
d) Tres.

13. ¿Qué elementos de estos no puede haber en una cama quirúrgica?

a) Hule o protector.
b) Entremetida.
c) Colchón.
d) Almohada.

14. ¿Cómo se puede abrir la cama quirúrgica, una vez que se lleva a cabo una especie de embozo o dobladillo a los pies de la misma, para la recepción del enfermo?

a) En triángulo o pico.
b) En derrape o arrastre.
c) En tracción anterior.
d) Son ciertas las respuestas a) y c).

15. Para realizar una valoración funcional de las actividades básicas de la vida diaria utilizamos la escala de:

a) Hamilton.
b) Foster.
c) Pfeiffer.
d) Barthel.

16. ¿Qué indicaciones son las más frecuentes de las muletas de aluminio?

a) Esguinces.
b) Enfermos tetrapléjicos.
c) Enfermos parapléjicos.
d) Son ciertas las respuestas b) y c).

17. ¿Cuál de estas ayudas es autoestable?

a) Pasamanos.
b) Barras paralelas.
c) Bastones multipodales.
d) Ninguna de las anteriores.

18. ¿Qué define la OMS como la consecuencia de cualquier acontecimiento que precipita al paciente al suelo en contra de su voluntad?

a) Traumatismo.
b) Suicidio.
c) Caída.
d) Accidente.

19. ¿Cómo se denominan los factores de riesgo de caídas que están relacionados con las condiciones generales del propio individuo?

a) Constitucionales.
b) Extrínsecos.
c) Intrínsecos.
d) Precipitantes.

20. ¿Qué es lo primero que hay que hacer ante la realidad de que la caída se ha producido?

a) Evaluación de la misma.
b) Intervenir modificando los elementos desencadenantes.
c) Intervenir modificando los elementos precipitantes.
d) Realizar un croquis de las circunstancias.

En MADTEST tienes **más preguntas de este tema**, y todos tus avances quedan registrados y se reflejan en el ranking.

¡Supera tus límites con MADTEST!

Solución al test n.º 13

1. d) Nervios.

2. a) Ganchoso.

3. c) Hioides.

4. a) El eje longitudinal.

5. b) De tejido conjuntivo.

6. a) 2-3 horas.

7. b) Decúbito lateral izquierdo o derecho.

8. c) 45º.

9. a) La posición de Sims.

10. a) Posición de Trendelenburg.

11. a) Hule.

12. c) Dos.

13. d) Almohada.

14. a) En triángulo o pico.

15. d) Barthel.

16. a) Esguinces.

17. c) Bastones multipodales.

18. c) Caída.

19. c) Intrínsecos.

20. a) Evaluación de la misma.

TEST N.º 14

Atención y cuidados en la persona anciana. Concepto de ancianidad, cambios físicos asociados al envejecimiento. Apoyo en la promoción de la salud y educación sanitaria. Medidas de apoyo a la persona cuidadora de la persona anciana dependiente. Atención y actitud ante la persona con demencia

1. ¿Cuántos años aproximadamente más se incrementa la esperanza de vida en España al llegar una persona a la edad de 65 años?

a) Se incrementa aproximadamente 4 años.
b) Se incrementa aproximadamente 8 años.
c) Se incrementa aproximadamente 18 años.
d) Se incrementa aproximadamente 25 años.

2. ¿Qué factor de los que hay que tener en cuenta por el incremento de gerontes en la población es el que se traduce por un aumento de la frecuencia absoluta de enfermedades en el anciano?

a) Factor social.
b) Factor económico.
c) Factor terapéutico.
d) Factor epidemiológico.

3. La vejez propiamente dicha se denomina también:

a) Madurez precoz.
b) Decrepitud.
c) Madurez tardía.
d) Caquexia senil.

4. ¿Qué edad expresa la capacidad de mantener los roles personales y la integración social del individuo en la comunidad, para lo que se precisa conservar razonables cotas de capacidades físicas?

a) Edad cronológica.
b) Edad biológica.
c) Edad psicológica.
d) Edad funcional.

5. ¿Cómo se denomina la relación que se produce al dividir a la población ≥ de 65 años entre la población de los menores de 0 a 14 años?

a) Tasa juvenil.
b) Coeficiente de juventud.
c) Índice o coeficiente de renovación.
d) Índice de reposición.

6. ¿Qué dispositivo de carácter social o de apoyo a la convivencia consideras una institución cerrada?

a) Asilos.
b) Clubes de ancianos (hogar del pensionista).
c) Ayuda a domicilio.
d) Centros de día.

7. ¿Cuál de los dispositivos de carácter sanitario a nivel geriátrico es de segundo nivel?

a) Centros de salud.
b) Hospital de día geriátrico.
c) Hospital de cuidados continuados.
d) Ninguno de los anteriores.

8. ¿Qué circunstancias de las que se nombran son más acordes con el anciano frágil?

a) Posee una edad generalmente superior a los 65 años, con alteraciones funcionales, al límite entre lo "normal" y "patológico", en equilibrio inestable y con adaptación de los trabajos funcionales a sus posibilidades reales de rendimiento.

b) Es una persona de edad (mayor), que sufre alguna enfermedad (aguda o crónica) pero no cumple ningún otro requisito de los citados anteriormente.

c) Posee una edad generalmente superior a los 80 años, que sufre una o varias enfermedades que le producen algún riesgo de incapacidad, o una cierta incapacidad leve, que sigue tratamiento farmacológico (uno o varios medicamentos), que vive en la comunidad, generalmente solo o en compañía de otra persona mayor, que ha sufrido un cambio reciente de domicilio, o que ha estado hospitalizado en los últimos doce meses, que precisa atención profesional domiciliaria y cuyos recursos socioeconómicos son limitados.

d) Sufre problemas mentales y/o sociales en relación con su estado de salud y que requiere institucionalización.

9. ¿Qué modificaciones de la piel del anciano es incorrecta?

a) Se va volviendo descolorida.
b) Aumenta en ella el grosor de los vasos sanguíneos.
c) Se vuelve más húmeda y con ello sudorosa y menos frágil.
d) Todo lo anterior es correcto.

10. ¿Qué sentidos de estos disminuyen fisiológicamente con la ancianidad?

a) Vista.
b) Gusto.
c) Olfato.
d) Todos los anteriores.

11. ¿Qué signo o síntoma del anciano es aquel que se muestra con el cuidador en forma de agresiones verbales?

a) De miedo.
b) De aislamiento.
c) De hostilidad.
d) De deterioro cognitivo.

12. ¿Qué se define como el proceso diagnóstico, estructurado, dinámico, multidimensional e interprofesional que nos permite identificar las capacidades del mayor, los problemas y las necesidades en los ámbitos clínico, funcional, mental y socioambiental de la persona mayor?

a) La valoración geriátrica integral.
b) La valoración estructurada por Necesidades Básicas.
c) La valoración estructurada por Patrones Funcionales de Salud.
d) La valoración estructurada por Patrones Anatómicos de Salud.

13. ¿Qué objetivo no es correcto de la valoración geriátrica integral?

a) Evitar que se produzca la institucionalización del anciano.
b) Asignar los servicios, ayudas técnicas y sobre todo incorporar al paciente a los programas que más se ajustan a sus necesidades.
c) Conocer los recursos del paciente y su entorno social, familiar y ambiental.
d) Evitar dando privilegios fomentando una ubicación adecuada en caso de institucionalización del anciano.

14. Si en la Escala de Barthel, que mide las ABVD, el paciente obtiene 70 puntos, indica que es:

a) Independiente.
b) Dependiente leve.
c) Dependiente moderado.
d) Dependiente grave.

15. ¿Cuántos puntos máximo posee la Escala de Tinetti, en su primera parte dedicada al equilibrio?

a) 6.
b) 12.
c) 16.
d) 28.

16. ¿Cuántos ítems posee el Índice de Barthel?

a) 5.
b) 10.
c) 15.
d) 20.

17. ¿Qué valoración, dentro de la valoración geriátrica integral, va dirigida a identificar y evaluar alteraciones en la capacidad de realizar funciones intelectuales, de forma que nos aporte información de interés respecto a su capacidad para desarrollar sus actividades cotidianas, incluido el trabajo, así como su capacidad de autocuidado?

a) Valoración clínica.
b) Valoración funcional.
c) Valoración cognitiva.
d) Valoración social.

18. ¿Cuál es la puntuación que nos marca el punto de corte ante una depresión moderada en el test de Hamilton (Rating Scale para Depresión de Hamilton)?

a) Puntuación de 18.
b) Puntuación de 12.
c) Puntuación de 8.
d) Puntuación de 4.

19. ¿Cuántos ítems posee la Escala Social de Gijón?

a) 3.
b) 4.
c) 5.
d) 6.

20. ¿Cada cuánto tiempo el anciano debe hidratar las uñas y su cutícula para mantenerlas blandas y evitar que se rompan?

a) Cada día.
b) Cada tres días.
c) Cada semana.
d) Cada mes.

En MADTEST tienes **más preguntas de este tema**, y todos tus avances quedan registrados y se reflejan en el ranking.

¡Supera tus límites con MADTEST!

Solución al test n.º 14

1. c) Se incrementa aproximadamente 18 años.

2. d) Factor epidemiológico.

3. c) Madurez tardía.

4. d) Edad funcional.

5. c) Índice o coeficiente de renovación.

6. a) Asilos.

7. b) Hospital de día geriátrico.

8. c) Posee una edad generalmente superior a los 80 años, que sufre una o varias enfermedades que le producen algún riesgo de incapacidad, o una cierta incapacidad leve, que sigue tratamiento farmacológico (uno o varios medicamentos), que vive en la comunidad, generalmente solo o en compañía de otra persona mayor, que ha sufrido un cambio reciente de domicilio, o que ha estado hospitalizado en los últimos doce meses, que precisa atención profesional domiciliaria y cuyos recursos socioeconómicos son limitados.

9. c) Se vuelve más húmeda y con ello sudorosa y menos frágil.

10. d) Todos los anteriores.

11. c) De hostilidad.

12. a) La valoración geriátrica integral.

13. d) Evitar dando privilegios fomentando una ubicación adecuada en caso de institucionalización del anciano.

14. b) Dependiente leve.

15. c) 16.

16. b) 10.

17. c) Valoración cognitiva.

18. a) Puntuación de 18.

19. c) 5.

20. a) Cada día.

TEST N.º 15

Atención y preparación del paciente para una exploración o intervención quirúrgica: posiciones anatómicas y materiales médico-quirúrgicos de utilización más común. Atención en el preoperatorio, durante la intervención y en el postoperatorio

1. La presión arterial se mide en:

a) mm de Ag.
b) Bares.
c) Pascal.
d) mm de Hg.

2. ¿Qué aparato emplea ultrasonidos como medio de exploración médica instrumental?

a) Ecografía.
b) RNM.
c) Espirometría.
d) Radiografía simple.

3. ¿Qué tiempo de ayuno generalmente se emplea antes de la exploración para un TAC craneal?

a) No hay tiempo de ayuno.
b) Cuatro horas.
c) Doce horas.
d) Veinticuatro horas.

4. ¿Qué prueba o exploración permite valorar el grado de acidez-alcalinidad de las secreciones gástricas?

a) Enema opaco.
b) Gastroscopia.
c) pH-metría.
d) Prueba de ureasa.

5. La endoscopia convencional realizada por vía anal que permite la visualización del colon y resto de intestino grueso se denomina:

a) Colposcopia.
b) Gastroscopia.
c) Laparoscopia.
d) Colonoscopia.

6. ¿Cómo se denomina la exploración radiológica con contraste de vejiga urinaria?

a) Pielografía.
b) Cistografía retrógrada.
c) Urografía.
d) Uretrografía.

7. ¿En qué exploración instrumental de estas se utiliza el diapasón mediante la transmisión del sonido por vía ósea?

a) Prueba de Ranvier.
b) Prueba de Weber.
c) Prueba de Rinnie.
d) Prueba de Strauss.

8. ¿Cuál es el personal sanitario responsable de preparar todo lo necesario para una exploración médica?

a) El médico.
b) El enfermero.
c) El TCAE.
d) El celador.

9. ¿En qué zona de estas de la región lumbar no se suele introducir una aguja para la punción lumbar?

a) En la 2.ª vértebra lumbar.
b) En la 3.ª vértebra lumbar.
c) En la 4.ª vértebra lumbar.
d) En la 5.ª vértebra lumbar.

10. ¿En qué posición generalmente se colocará al paciente para la realización de una punción de médula ósea?

a) En posición de litotomía.
b) En posición de decúbito lateral.

c) En posición de decúbito supino.
d) En posición de Sims.

11. Una intervención de tipo paliativo es aquella:

a) Que fortalece las zonas debilitadas, o pretende volver a unir zonas anatómicas que se encuentran separadas o tiene por objeto corregir deformidades.
b) Que alivia los síntomas de un determinado proceso, sin curar la enfermedad.
c) Que se utiliza para determinar la causa de los síntomas.
d) Que busca mejorar el aspecto físico.

12. ¿Qué función poseerá la intervención quirúrgica que persiga determinar la causa o causas de los síntomas de un proceso morboso?

a) Intervención ablativa.
b) Intervención paliativa.
c) Intervención reparadora.
d) Intervención diagnóstica.

13. ¿Cómo se denomina al período de tiempo que transcurre desde que un paciente va a ser intervenido hasta que es dado de alta en el hospital?

a) Período preoperatorio.
b) Período transoperatorio.
c) Período perioperatorio.
d) Período posoperatorio.

14. ¿Cuál de estas personas con un grupo sanguíneo concreto consideras que es donante universal?

a) Aquella con O^+.
b) Aquella con AB^+.
c) Aquella con O^-.
d) Aquella con B^-.

15. ¿Qué modalidad de sangre se preparará para transfundir a un paciente si la necesitase, en caso de urgencia y sin previa averiguación analítica de su grupo sanguíneo?

a) Del grupo sanguíneo AB (+).
b) Del grupo sanguíneo 0 (-).
c) Del grupo sanguíneo 0 (+).
d) Son ciertas las respuestas b) y c).

16. ¿Qué intervención por el área quirúrgica o campo de intervención se corresponde con la de la imagen?

a) Cirugía perineal.
b) Cirugía abdominal.
c) Cirugía hernia inguinal.
d) Cirugía de bajo vientre.

17. La premedicación se suele administrar habitualmente al paciente antes de la cirugía:

a) 15 a 20 minutos.
b) 25 a 40 minutos.
c) 45 a 75 minutos.
d) 95 a 120 minutos.

18. ¿Qué es falso del bloque quirúrgico?

a) En él trabaja tanto personal sanitario como no sanitario.
b) Suele situarse en una zona del hospital tumultuosa y con tránsito de personas, aunque mal comunicada con el resto de las unidades, para que a ella lleguen nadie más que los interesados.
c) Posee un conjunto de instalaciones acondicionadas y equipadas para poder realizar en ellas las intervenciones quirúrgicas con las mayores garantías.
d) Está funcional y físicamente diferenciado del resto del hospital.

19. Los almacenes para guardar el material quirúrgico, aparatos, sueros, camillas, farmacia en general, etc., existentes en el bloque quirúrgico pertenecen al área:

a) De intercambio.
b) Estéril.
c) Sucia.
d) Limpia.

20. ¿Cómo se denomina la zona del bloque quirúrgico donde se requiere de uniforme quirúrgico, calzas o zuecos quirúrgicos, gorro, y uso de mascarilla obligatorio?

a) Zona sin limitación de acceso.
b) Zona semilimitada.
c) Zona limitada.
d) Zona prohibida.

En MADTEST tienes **más preguntas de este tema**, y todos tus avances quedan registrados y se reflejan en el ranking.

¡Supera tus límites con MADTEST!

Solución al test n.º 15

1. d) mm de Hg.

2. a) Ecografía.

3. b) Cuatro horas.

4. c) pH-metría.

5. d) Colonoscopia.

6. b) Cistografía retrógrada.

7. b) Prueba de Weber.

8. c) El TCAE.

9. a) En la 2.ª vértebra lumbar.

10. c) En posición de decúbito supino.

11. b) Que alivia los síntomas de un determinado proceso, sin curar la enfermedad.

12. d) Intervención diagnóstica.

13. c) Período perioperatorio.

14. c) Aquella con O⁻.

15. b) Del grupo sanguíneo 0 (-).

16. b) Cirugía abdominal.

17. c) 45 a 75 minutos.

18. b) Suele situarse en una zona del hospital tumultuosa y con tránsito de personas, aunque mal comunicada con el resto de las unidades, para que a ella lleguen nadie más que los interesados.

19. a) De intercambio.

20. c) Zona limitada.

TEST N.º 16

Constantes vitales: principios fundamentales, técnicas de toma de constantes vitales, gráficas y registros. Balance hídrico

1. ¿En la toma de qué constante vital no hay que avisar al enfermo acerca de lo que se le va a hacer?

a) Temperatura.
b) Pulso.
c) Respiración.
d) Tensión arterial.

2. ¿Qué afirmación es incorrecta de las acciones a seguir por el TCAE, cuando se observa alguna cuestión fuera de lo normal en la toma de constantes vitales?

a) Nunca debe dejar registrado su nombre en la hoja de incidencias de enfermería pero siempre el del paciente.
b) Debe dejar constancia por escrito en la hoja de incidencias de enfermería de todo aquello que sea considerado como fuera de lo normal.
c) Debe informar objetivamente al enfermero/a responsable del paciente de todo aquello que sea considerado como fuera de lo normal.
d) Debe dejar por escrito en la hoja de incidencias de enfermería la hora a la que se ha realizado la observación y el día que ha ocurrido, así como cuál ha sido su actuación ante aquello considerado como fuera de lo normal.

3. En el área de pediatría y urgencias en hospitales se está implantando el termómetro de:

a) Columna de mercurio.
b) Columna de galio.
c) Cristal de mercurio.
d) Sensor timpánico.

4. La temperatura bucal se puede tomar en:

a) Niños menores de 6 años.
b) Pacientes en coma.

c) Pacientes con agitación psicomotriz.
d) Niños mayores de 6 años.

5. Existe taquicardia por encima de:

a) 75 pulsaciones/minuto.
b) 85 pulsaciones/minuto.
c) 95 pulsaciones/minuto.
d) 100 pulsaciones/minuto.

6. ¿Cómo se denomina aquel pulso que se percibe con facilidad y que produce gran amplitud en el vaso que se palpa?

a) Fuerte.
b) Pleno.
c) Rebotante.
d) Filiforme.

7. El pulso central o apical se toma:

a) En la punta del corazón.
b) En la zona central del muslo.
c) En el cuello (es sinónimo del yugular).
d) En la zona central del brazo.

8. ¿Cuál de estas consideras una razón sustancial y etiopatogénica para tomar el pulso?

a) Para valorar la frecuencia, el ritmo, el volumen y la tensión del pulso, que pueden reflejar un problema general.
b) Para identificar a un sujeto.
c) Para valorar el estado de salud del sujeto.
d) Para conocer la edad del individuo.

9. ¿Cuál de estas es considerada una posición adecuada para tomar el pulso?

a) Posición de bipedestación.
b) Posición de sentado.
c) Posición de decúbito prono.
d) Son válidas las respuestas a) y b).

10. La ausencia de respiración se denomina:

a) Apnea.
b) Hipernea.

c) Ortopnea.
d) Ripnea.

11. La serie de respiraciones irregulares en profundidad, interrumpidas por intervalos de apnea se denomina respiración de:

a) Biot.
b) Bouchut.
c) Kussmaul.
d) Cheyne-Stokes.

12. ¿En qué tipo de gráficas existe un apartado también para la medicación?

a) En Gráficas mensuales.
b) En Gráficas semanales.
c) En Gráficas ordinarias.
d) En Gráficas especiales.

13. En ausencia de patología, en el ritmo respiratorio normal la fase inspiratoria es más corta que la espiratoria en una proporción:

a) 2:1.
b) 3:1.
c) 4:1.
d) 5:1.

14. En un adulto joven y sano la presión sistólica es de:

a) 180 mmHg.
b) 155 mmHg.
c) 130 mmHg.
d) 100 mmHg.

15. La temperatura ambiente a la hora de tomar la tensión arterial debe estar sobre los:

a) 10 ºC.
b) 22 ºC.
c) 30 ºC.
d) 35 ºC.

16. La hipotensión postural se denomina también:

a) Idiopática.
b) Esencial.
c) Ortostática.
d) Paradójica.

17. Los valores normales para la vena cava de PVC es de:

a) 0 y 4 cm de H_2O.
b) 2 y 6 cm de H_2O.
c) 6 y 12 cm de H_2O.
d) 14 a 20 cm de H_2O.

18. ¿Cuál es el componte más importante del cuerpo humano?

a) El sodio.
b) El postasio.
c) El agua.
d) La sal.

19. El espacio situado entre las células se denomina espacio:

a) Extracelular.
b) Intracelular.
c) Intersticial.
d) Intravascular.

20. ¿Cuál es el catión más abundante en el espacio intracelular?

a) Sodio.
b) Hidrógeno.
c) Potasio.
d) Cloruro.

En MADTEST tienes **más preguntas de este tema**, y todos tus avances quedan registrados y se reflejan en el ranking.

¡Supera tus límites con MADTEST!

Solución al test n.º 16

1. c) Respiración.

2. a) Nunca debe dejar registrado su nombre en la hoja de incidencias de enfermería pero siempre el del paciente.

3. d) Sensor timpánico.

4. d) Niños mayores de 6 años.

5. d) 100 pulsaciones/minuto.

6. b) Pleno.

7. a) En la punta del corazón.

8. a) Para valorar la frecuencia, el ritmo, el volumen y la tensión del pulso, que pueden reflejar un problema general.

9. b) Posición de sentado.

10. a) Apnea.

11. a) Biot.

12. d) En Gráficas especiales.

13. b) 3:1.

14. c) 130 mmHg.

15. b) 22 ºC.

16. c) Ortostática.

17. c) 6 y 12 cm de H_2O.

18. c) El agua.

19. c) Intersticial.

20. c) Potasio.

TEST N.º 17

Atención y cuidados del paciente en las necesidades de eliminación: Diuresis y defecación. Manipulación bolsas de diuresis. Administración de enemas. Conocimiento y actividades de colaboración para la realización de los sondajes del aparato urinario, digestivo y rectal: ostomías

1. La dentina del diente está protegida por:

a) La pulpa.
b) El cuello.
c) El cemento.
d) Ninguna opción es correcta.

2. Los dientes que presentan una corona de forma cónica o puntiaguda y raíz simple son:

a) Caninos.
b) Incisivos.
c) Premolares.
d) Molares.

3. La dentición definitiva consta de:

a) 20 piezas.
b) 32 piezas.
c) 38 piezas.
d) 28 piezas.

4. Pieza dentaria con corona de borde cortante y raíz única. Se trata de un:

a) Canino.
b) Premolar.
c) Incisivo.
d) Molar.

5. Respecto a la dentición, se puede afirmar que:

a) La dentición temporal consta de 32 piezas.
b) Los premolares no están presentes en la dentición temporal.
c) Existen dos premolares en cada hemiarcada dentaria, cuando se trata de una dentición de leche.
d) Los molares poseen una sola raíz.

6. El cardias:

a) Es una válvula cardiaca.
b) Es un esfínter situado entre el esófago y el estómago.
c) Es un esfínter localizado entre el estómago y el duodeno.
d) Es una válvula situada entre la aurícula derecha y ventrículo del mismo lado en el corazón.

7. El píloro:

a) Es un esfínter anatómico y funcional.
b) Separa el antro pilórico del estómago de la primera porción del intestino delgado (duodeno).
c) Es un esfínter anatómico pero no funcional.
d) Las opciones a) y b) son correctas.

8. De los siguientes tipos de células, ¿cuáles son las encargadas de producir el denominado factor intrínseco de Castle?

a) Células parietales.
b) Células principales.
c) Células duodenales.
d) Células secundarias.

9. Las células principales del estómago son productoras de:

a) Pepsina.
b) ClH.
c) Factor intrínseco.
d) Mucina.

10. Las células parietales del estómago son productoras de (indique la incorrecta):

a) Ácido clorhídrico.
b) Factor intrínseco.
c) ClH.
d) Pepsina.

11. El enema moliente está compuesto de:

a) Agua y sal.
b) Aceite de oliva puro.
c) Agua y glicerina.
d) Sustancias nutritivas.

12. El enema opaco es un enema:

a) De limpieza.
b) Alimenticio.
c) De retención.
d) Para matar o inactivar microorganismos.

13. En la historia clínica de un paciente de la unidad de digestivo se prescribe la realización del denominado enema baritado; ¿para qué se utiliza este tipo de enema?

a) Para lubricar la mucosa del recto.
b) Para introducir medicamentos.
c) Para facilitar el diagnóstico de determinadas patologías.
d) Para extraer fecalomas.

14. La posición para administrar un enema de limpieza es:

a) Trendelenburg.
b) Sims.
c) Fowler.
d) Genupectoral.

15. Las características de las heces en una colostomía ascendente son:

a) Son semilíquidas y continuas.
b) Van de semilíquido a sólido y con una frecuencia de eliminación de 1 a 2 veces al día.
c) Son sólidas y con una frecuencia de eliminación de 1 a 2 veces al día.
d) Las mismas características que la colostomía sismoidea.

16. ¿Cuál de los siguientes alimentos provocará más olor en las heces de un paciente con una colostomía?

a) Coliflor.
b) Mantequilla.
c) Yogurt.
d) Cítricos.

17. El tipo de urostomía que consiste en la implantación o inserción de un catéter en la pelvis renal se llama:

a) Ureterostomía cutánea.
b) Ureteroileostomía.
c) Nefrostomía.
d) Citostomía.

18. Entre las complicaciones de los estomas, aquella que se caracteriza por presentar un estoma elongado y edematoso con retorno deficiente de la solución de irrigación se denomina:

a) Prolapso.
b) Retracción.
c) Ulceración.
d) Herniación.

19. ¿Cuál de las siguientes estructuras de la nefrona está situada en la corteza renal?

a) Cápsula de Bowman.
b) Asa de Henle.
c) Túbulo colector.
d) A y b son correctas.

20. La unidad estructural y funcional del riñón recibe el nombre de:

a) Corpúsculo renal.
b) Cáliz renal.
c) Nefrona.
d) Asa de Henle.

En MADTEST tienes **más preguntas de este tema**, y todos tus avances quedan registrados y se reflejan en el ranking.

¡Supera tus límites con MADTEST!

Solución al test n.º 17

1. c) El cemento.

2. a) Caninos.

3. b) 32 piezas.

4. c) Incisivo.

5. b) Los premolares no están presentes en la dentición temporal.

6. b) Es un esfínter situado entre el esófago y el estómago.

7. d) Las opciones a) y b) son correctas.

8. a) Células parietales.

9. a) Pepsina.

10. d) Pepsina.

11. b) Aceite de oliva puro.

12. c) De retención.

13. c) Para facilitar el diagnóstico de determinadas patologías.

14. b) Sims.

15. a) Son semilíquidas y continuas.

16. a) Coliflor.

17. c) Nefrostomía.

18. a) Prolapso.

19. a) Cápsula de Bowman.

20. c) Nefrona.

TEST N.º 18

Procedimientos de recogida de muestras biológicas: concepto de muestra, diferentes tipos de muestras biológicas. Procedimientos de toma de muestras, manipulación, transporte y conservación

1. ¿Qué tipo de envase se emplea para recoger la muestra resultante de una punción capilar?

a) Frascos de boca estrecha.
b) Hisopos.
c) Frascos de llenado por vacío.
d) Microtubos.

2. ¿Qué procedimiento de toma de muestra se emplea más habitualmente cuando estas se llevan a cabo tanto en orificios naturales como en heridas?

a) Mediante frasco de boca ancha.
b) Mediante hisopo.
c) Mediante bolsa de recogida de orina o análogo.
d) Mediante frasco de boca estrecha.

3. ¿Qué medio evita la desecación y muerte de los microorganismos recogidos con un hisopo estéril?

a) El medio de Schwann.
b) El medio de Petri.
c) El medio de Stuart.
d) El medio de Lindor.

4. ¿Qué se puede hacer para evitar una excesiva proliferación bacteriana en una toma de muestra y que así no se altere sustancialmente su resultado analítico?

a) Realizarla con premura, ya que no admite demora.
b) Refrigerando la muestra en los casos necesarios.
c) No se suele hacer nada en particular.
d) Son ciertas las respuestas a) y b).

5. ¿Qué se debe identificar y comprobar antes de los procedimientos de toma de muestra?

a) Usuario al que se le van a realizar los procedimientos.
b) Impresos y protocolos de petición analítica.
c) Requerimientos y preparación previa del paciente.
d) Todo lo anterior.

6. En la fase preanalítica de la muestra de sangre, se da hemodilución si coexiste:

a) Hipovolemia y oligosistemia.
b) Hipovolemia e hipersistemia.
c) Hipervolemia y oligosistemia.
d) Hipervolemia e hipersistemia.

7. Generalmente un hemocultivo se acompaña de:

a) Urocultivo.
b) Coprocultivo.
c) Antibiograma.
d) Todo lo anterior.

8 ¿Qué aditivos poseen las muestras biológicas sanguíneas en las que el tubo posee tapón azul?

a) Gel.
b) Citrato de sodio.
c) Oxalato potásico.
d) ACD.

9. El personal que realiza la técnica de extracción de sangre venosa es:

a) El facultativo.
b) El hematólogo.
c) El diplomado de enfermería.
d) El auxiliar de enfermería.

10. ¿Qué anticoagulante se emplea más habitualmente en los útiles y frascos empleados para las tomas de muestras sanguíneas, esencialmente empleadas en gasometría arterial?

a) Heparina.
b) Penicilina.
c) Metotrexate.
d) Clorhídrico.

11. ¿A qué puede deberse la presencia de una orina de coloración negra o marrón oscura en una muestra?

a) A sangre oculta.
b) A metahemoglobina o melanina o enfermo alcaptonúrico.
c) A carboxihemoglobina o melatonina o enfermo de patología de Harnup.
d) A oxihemoglobina o melatonina.

12. ¿Cómo se denomina el estudio microbiológico de heces mediante cultivo?

a) Hemocultivo.
b) Urocultivo.
c) Coprocultivo.
d) Cultivo de Hiss.

13. ¿Qué no debe tomarse o comer durante días previos a un estudio de sangre oculta en heces para realizar adecuadamente el procedimiento de toma de muestra de la misma?

a) Aspirina.
b) Alimentos picantes.
c) Tomates y rábanos.
d) No debe tomarse nada de lo anterior.

14. Respecto a la toma de muestra de esputos todo lo que se expone es cierto, excepto que:

a) Se puede evitar la contaminación de la muestra recomendando al enfermo que se lave la boca con solución salina o agua templada antes de proceder a la recogida.
b) Se puede evitar la contaminación de la muestra tomando antiséptico justo antes de la toma de muestra.
c) La toma de muestra posee gran facilidad de contaminación por la flora orofaríngea.
d) Si es difícil conseguir que el enfermo expectore, se le puede ayudar colocándole en la posición más adecuada para el drenaje.

15. ¿Qué forma es la más correcta de obtener la muestra en heridas con exudados y pus, para su posterior estudio?

a) Mediante gasas hipoalérgicas.
b) Mediante parches adhesivos.
c) Mediante aspirado con aguja y jeringa.
d) Mediante escopia cutánea.

16. ¿En qué circunstancias la presión del LCR estará disminuida?

a) Infarto cerebral.
b) Tumor o quiste intracraneal.
c) Deshidratación.
d) Hematoma subdural.

17. ¿Qué procedimiento se llevará a cabo en la toma de muestra de secreciones de senos paranasales?

a) Mediante hisopo.
b) Mediante torunda.
c) Mediante punción del seno.
d) Mediante aspirado transtraqueal.

18. Ante la sospecha en piel de infección por hongo, la toma de muestra se efectuará mediante:

a) Aspiración.
b) Uso de hisopo.
c) Raspado con bisturí o lanceta.
d) Uso de torunda húmeda.

19. Si es por lesión del lecho ungueal para la muestra de uña se utilizará:

a) Frasco de boca ancha.
b) Hisopo.
c) Frasco de boca mediana.
d) Frasco de boca estrecha.

20. ¿Cómo se toma la muestra en cabello ante la sospecha de micosis?

a) Arrancado de varios pelos con pinzas y guardado en recipiente estéril.
b) Uso de hisopo.
c) Raspado con bisturí o lanceta.
d) Uso de torunda húmeda.

En MADTEST tienes **más preguntas de este tema**, y todos tus avances quedan registrados y se reflejan en el ranking.

¡Supera tus límites con MADTEST!

Solución al test n.º 18

1. d) Microtubos.

2. b) Mediante hisopo.

3. c) El medio de Stuart.

4. d) Son ciertas las respuestas a) y b).

5. d) Todo lo anterior.

6. c) Hipervolemia y oligosistemia.

7. c) Antibiograma.

8. b) Citrato de sodio.

9. c) El diplomado de enfermería.

10. a) Heparina.

11. b) A metahemoglobina o melanina o enfermo alcaptonúrico.

12. c) Coprocultivo.

13. d) No debe tomarse nada de lo anterior.

14. b) Se puede evitar la contaminación de la muestra tomando antiséptico justo antes de la toma de muestra.

15. c) Mediante aspirado con aguja y jeringa.

16. c) Deshidratación.

17. c) Mediante punción del seno.

18. c) Raspado con bisturí o lanceta.

19. b) Hisopo.

20. a) Arrancado de varios pelos con pinzas y guardado en recipiente estéril.

Gestión de residuos sanitarios: clasificación, transporte, eliminación y tratamiento. Manipulación de citostáticos

1. La Ley 7/2022, de 8 de abril, tiene como objetivo principal:

a) Regular únicamente el transporte de mercancías peligrosas.
b) Impulsar la economía circular y mejorar la gestión de residuos.
c) Establecer normas sobre la calidad del aire.
d) Regular los recursos hídricos en España.

2. La Ley 7/2022 sustituye a:

a) La Ley 22/2011 de residuos y suelos contaminados.
b) La Ley 34/2007 de calidad del aire.
c) La Ley 26/2007 de responsabilidad medioambiental.
d) Ninguna de las anteriores.

3. Uno de los principios de la Ley 7/2022 es:

a) La reducción de plásticos de un solo uso.
b) El fomento de la incineración como primera opción.
c) La exportación de residuos sin restricciones.
d) El aumento de vertederos como medida preventiva.

4. Respecto a la Clasificación de los residuos Sanitarios, es falso:

a) Los residuos de Clase VII o Residuos Radiactivos se eliminan a través de la empresa ENRESA.
b) Los residuos de Clase V o Residuos Químicos se caracterizan como peligrosos por su contaminación química.
c) La gestión de los cadáveres y restos humanos de entidad suficiente queda regulada por los Reglamentos de Policía Sanitaria Mortuoria del Estado y de la Comunidad de Madrid.
d) Los residuos de clase VI o Residuos Citotóxicos son aquellos restos de medicamentos citotóxicos o citostáticos, sin incluir los materiales que hayan estado en contacto con ellos.

5. ¿Cuántos grupos distintos hay de Residuos Biosanitarios Especiales (Clase III)?

a) 9.
b) 8.
c) 10.
d) 7.

6. Respecto a los Residuos Biosanitarios Especiales (Clase III), ¿qué es falso?

a) El Grupo 1 contiene los residuos de pacientes con infecciones altamente virulentas, erradicadas, importadas o de muy baja incidencia en España.
b) El Grupo 3 contiene los Residuos de pacientes con infecciones de transmisión por aerosoles.
c) El Grupo 6 contiene los Cultivos y reservas de agentes infecciosos.
d) El Grupo 7 contiene los Residuos Punzantes y cortantes.

7. Los Residuos anatómicos humanos, Grupo 9, son:

a) Cantidades importantes de líquidos corporales, especialmente sangre humana.
b) Cadáveres y restos humanos de entidad suficiente, procedentes de abortos, mutilaciones y operaciones quirúrgicas.
c) Tejidos o partes del cuerpo de pequeña entidad, no conservados mediante formaldehído u otro producto químico.
d) Las respuestas b) y c) son ciertas.

8. Los Residuos anatómicos humanos, Grupo 4, son los Filtros de diálisis de pacientes portadores de algunas infecciones de transmisión sanguínea; ¿cuál de las siguientes NO se incluye?

a) VIH.
b) Hepatitis B.
c) Hepatitis C.
d) Fiebre hemorrágica vírica.

9. Respecto a la segregación y acumulación de los residuos producidos en los centros sanitarios, ¿cuál de las siguientes afirmaciones es correcta?

a) Los residuos biosanitarios asimilables a urbanos no es necesario que se separen del resto de Clases de residuos, porque no son peligrosos.
b) Los residuos citotóxicos deben acumularse separadamente del resto de Clases de residuos, en envases exclusivos para dichos residuos.
c) Los residuos biosanitarios especiales pueden asimilarse a los residuos citotóxicos si se usan recipientes exclusivos para ello.
d) La acumulación de los residuos citotóxicos en los respectivos envases debe hacerse lo más tarde posible, sobre todo si se trata de residuos punzantes o cortantes.

10. Respecto a los envases para residuos sanitarios, ¿cuál de las siguientes afirmaciones es correcta?

a) Las bolsas para Residuos Biosanitarios Asimilables a Urbanos serán de color rojo.

b) Las bolsas para los Residuos Biosanitarios Especiales serán de color verde.

c) Los envases para acumular Residuos Biosanitarios Especiales punzantes o cortantes deben señalizarse con el pictograma de Biopeligroso.

d) Los Residuos citotóxicos punzantes o cortantes deberán acumularse en envases rígidos de color amarillo.

11. Durante el depósito y traslado de los residuos, una de las siguientes afirmaciones es falsa:

a) Existen locales destinados al depósito intermedio de residuos, estos se señalizarán con el texto "Área de depósito de residuos. Prohibida la entrada a toda persona no autorizada".

b) Las bolsas y otros envases no rígidos con residuos biosanitarios especiales o asimilables a urbanos pueden amontonarse en el suelo, siempre que no molesten al paso del personal.

c) Está prohibido trasladar residuos en los ascensores destinados al personal, pacientes o público.

d) Los residuos biosanitarios asimilables a urbanos podrán trasladarse conjuntamente con los envases de residuos generales, pero separados de las restantes Clases de residuos.

12. Entre las condiciones del Área de depósito final de los residuos biosanitarios y citotóxicos, no se encuentra:

a) Cubierta y con superficies fáciles de limpiar.

b) Dotada de medios de extinción de incendios.

c) Con vías de acceso con escalones y de difícil acceso por motivos de seguridad.

d) Las aberturas al exterior estarán protegidas para evitar la entrada de insectos, roedores, etc.

13. Respecto a la frecuencia de retirada de los residuos biosanitarios especiales y citotóxicos, ¿cuál de las siguientes respuestas es correcta?

a) Será de 15 días cuando la producción media mensual de estos residuos sea de entre 20 y 150 kg.

b) Será de 30 días cuando la producción media mensual de estos residuos sea superior a 50 kg.

c) Será de 7 días cuando la producción media mensual de estos residuos sea de entre 251 y 1000 kg.

d) Será de 72 h cuando la producción media mensual de estos residuos sea superior a 100 kg.

14. Respecto a los requisitos de transporte de los residuos biosanitarios especiales y residuos citotóxicos, los vehículos deben cumplir las siguientes condiciones, excepto:

a) Estar dotados de una caja de carga abierta para evitar la acumulación de gases.
b) Las superficies internas de la caja de carga deben ser fáciles de limpiar.
c) Deben tener un sistema para contener posibles derrames de residuos.
d) Deben estar dotados de utensilios y recipientes para la recogida de pérdidas accidentales de la carga.

15. Durante el transporte de residuos, los envases no rígidos deberán transportarse en contenedores rígidos que cumplan los siguientes requisitos, excepto:

a) Estar señalizados con el pictograma de Biopeligroso solo en la tapa.
b) Deben ser altamente resistentes.
c) Deben tener tapa y cierre hermético.
d) Han de ser estancos.

16. Los residuos biosanitarios asimilables a urbanos pueden eliminarse en:

a) Vertederos controlados y autorizados.
b) Plantas de incineración autorizadas.
c) No se incineran, ya que no contienen residuos dañinos.
d) Las respuestas a) y b) son ciertas.

17. Entre las condiciones generales en la eliminación de residuos biosanitarios especiales o de residuos citotóxicos, no se encuentra:

a) Se prohíbe su reciclado o reutilización.
b) Los residuos citotóxicos deberán ser obligatoriamente incinerados.
c) La eliminación de estos residuos puede llevarse a cabo en el propio recinto de los centros sanitarios o en una instalación externa.
d) Las operaciones de valorización y eliminación de este tipo de residuos pueden ser realizadas por cualquier empresa, sin necesidad de autorización de un gestor de residuos biosanitarios especiales o citotóxicos.

18. Respecto a la eliminación de residuos biosanitarios especiales o residuos citotóxicos, una de las siguientes afirmaciones es correcta:

a) Su incineración debe cumplir las especificaciones establecidas en el RD 1217/1997, de 18 de julio, por el que se establecen normas sobre incineración de residuos peligrosos.
b) Los residuos biosanitarios especiales no pueden eliminarse mediante desinfección en autoclave convencional.
c) La incineración debe realizarse en instalaciones dedicadas exclusivamente a este tipo de residuos.
d) Para cargar el horno crematorio los operarios deben manipular directamente los residuos.

19. De las siguientes afirmaciones sobre la eliminación de residuos biosanitarios especiales mediante desinfección en autoclave convencional, solo una es correcta:

a) No será necesario separar los residuos por grupos.

b) Se realizará un análisis microbiológico mínimo semanal utilizando *B. stearothermo-philus* para comprobar si se cumplen las condiciones de desinfección.

c) Únicamente podrán usarse envases cerrados herméticamente si estos contienen líquidos en cantidad suficiente para que alcancen la temperatura durante la fase de actuación del vapor.

d) Podrán dejarse residuos no desinfectados preparados en el autoclave para su tratamiento posterior al día siguiente.

20. ¿Cuál de los siguientes parámetros se debe medir en cada ciclo de desinfección, para el correcto control del funcionamiento del autoclave?

a) Presión de vacío alcanzada en la fase inicial del ciclo.

b) Temperatura durante la fase de desinfección, se realizarán como mínimo 2 medidas distintas.

c) La temperatura se medirá en un punto representativo de la temperatura media de la cámara.

d) Tiempo que tarda el autoclave en realizar el ciclo completo.

En MADTEST tienes **más preguntas de este tema**, y todos tus avances quedan registrados y se reflejan en el ranking.

¡Supera tus límites con MADTEST!

Solución al test n.º 19

1. b) Impulsar la economía circular y mejorar la gestión de residuos.

2. a) La Ley 22/2011 de residuos y suelos contaminados.

3. a) La reducción de plásticos de un solo uso.

4. d) Los residuos de clase VI o Residuos Citotóxicos son aquellos restos de medicamentos citotóxicos o citostáticos, sin incluir los materiales que hayan estado en contacto con ellos.

5. d) 7.

6. d) El Grupo 7 contiene los Residuos Punzantes y cortantes.

7. c) Tejidos o partes del cuerpo de pequeña entidad, no conservados mediante formaldehído u otro producto químico.

8. d) Fiebre hemorrágica vírica.

9. b) Los residuos citotóxicos deben acumularse separadamente del resto de Clases de residuos, en envases exclusivos para dichos residuos.

10. c) Los envases para acumular Residuos Biosanitarios Especiales punzantes o cortantes deben señalizarse con el pictograma de Biopeligroso.

11. b) Las bolsas y otros envases no rígidos con residuos biosanitarios especiales o asimilables a urbanos pueden amontonarse en el suelo, siempre que no molesten al paso del personal.

12. c) Con vías de acceso con escalones y de difícil acceso por motivos de seguridad.

13. c) Será de 7 días cuando la producción media mensual de estos residuos sea de entre 251 y 1000 kg.

14. a) Estar dotados de una caja de carga abierta para evitar la acumulación de gases.

15. a) Estar señalizados con el pictograma de Biopeligroso solo en la tapa.

16. d) Las respuestas a) y b) son ciertas.

17. d) Las operaciones de valorización y eliminación de este tipo de residuos pueden ser realizadas por cualquier empresa, sin necesidad de autorización de un gestor de residuos biosanitarios especiales o citotóxicos.

18. a) Su incineración debe cumplir las especificaciones establecidas en el RD 1217/1997, de 18 de julio, por el que se establecen normas sobre incineración de residuos peligrosos.

19. c) Únicamente podrán usarse envases cerrados herméticamente si estos contienen líquidos en cantidad suficiente para que alcancen la temperatura durante la fase de actuación del vapor.

20. c) La temperatura se medirá en un punto representativo de la temperatura media de la cámara.

TEST N.º 20

Atención y cuidados del paciente en las necesidades de alimentación: clasificación de alimentos, dietas, vías de alimentación. Manipulación y administración de alimentos (nutrición enteral por sonda nasogástrica)

1. ¿A qué se denomina la forma y manera de proporcionar al organismo los alimentos que le son indispensables?

a) Nutrición.
b) Alimentación.
c) Metabolismo.
d) Asimilación.

2. ¿Cómo se denominan los alimentos que están destinados fundamentalmente a la formación y renovación de los tejidos humanos, tanto en la fase de construcción o crecimiento como en la renovación de tejidos en los adultos?

a) Energéticos.
b) Vitamínicos.
c) Plásticos.
d) Reguladores.

3. ¿Qué alimentos son aquellos cuya composición principal son las proteínas y el calcio?

a) Alimentos reguladores.
b) Alimentos biocatalizadores.
c) Alimentos energéticos.
d) Alimentos plásticos.

4. Las frutas pertenecen en la nueva rueda de alimentos al grupo:

a) VI.
b) V.
c) IV.
d) III.

5. La base de la pirámide de alimentación saludable está compuesta de:

a) Recomendaciones de estilos de vida saludable (equilibrio emocional, actividad física diaria, ingesta adecuada de agua…).
b) Tomar alimentos de la dieta mediterránea.
c) Alimentos de consumo opcional y moderado.
d) Alimentos de consumo variado y diario.

6. La ingesta adecuada de agua diaria está en torno a los:

a) 1,5 litros.
b) 2 litros.
c) 2,5 litros.
d) 3,5 litros.

7. La regla de las tres erres, también conocida como 3R se aplican a la alimentación:

a) Variable.
b) Opcional.
c) Sostenible.
d) Saludable.

8. ¿Quién pone directamente en marcha y desarrolla la estrategia NAOS?

a) La Sociedad Española de Nutrición Comunitaria (SENC).
b) La Agencia Española de Seguridad Alimentaria y Nutrición (AESAN).
c) La Secretaría de Estado de Consejos dietéticos, mediante el programa EDALNU del Ministerio de Sanidad.
d) El Ministerio de Innovación, Desarrollo e Industria.

9. ¿Qué carne de estas consideras con más grasa?

a) La carne de cordero.
b) La carne de ternera.
c) La carne de conejo.
d) La carne de caballo.

10. ¿Cuál es la unidad de energía tradicionalmente empleada en nutrición y que sigue usándose con carácter generalizado?

a) El julio (J).
b) La Caloría grande (Cal).
c) El grado centígrado (ºC).
d) El ergio (erg).

11. Empleando la fórmula de Harris y Benedict del metabolismo basal diremos que un varón de 35 kg de peso, 1,40 m de talla y 11 años de edad, será aproximadamente de:

a) 700.
b) 850.
c) 1100.
d) 2100.

12. ¿Qué factor se estos es el que más influye en la multiplicación de microorganismos?

a) Las calorías de los alimentos.
b) La temperatura del medio.
c) La presión atmosférica.
d) La presencia o no de otros gérmenes.

13. ¿Qué agentes bióticos de los siguientes son mas productores de toxiinfecciones alimentarias?

a) Hongos.
b) Bacterias.
c) Protozoos.
d) Parásitos.

14. ¿Cuál es la fuente más importante de contaminación de intoxicaciones químicas de origen alimentario de forma directa sobre frutas y verduras que ingerimos, o indirecta tras la ingesta de lo anterior de animales?

a) El estiércol de origen animal.
b) Los mercuriales.
c) Los insecticidas.
d) El riego con agua contaminada.

15. ¿Qué aminoácido es esencial?

a) Prolina.
b) Cisteína.
c) Triptófano.
d) Alanina.

16. ¿Qué principios inmediatos son sustancias energéticas?

a) Grasas.
b) Grasas y proteínas.
c) Azúcares y proteínas.
d) Grasas y azúcares.

17. ¿Cuál de estos nutrientes se considera micronutriente (imprescindibles en pequeñas cantidades)?

a) Vitaminas.
b) Azúcares.
c) Proteínas.
d) Grasas.

18. El retinol es un constituyente de la vitamina:

a) Vitamina A.
b) Vitamina B_2.
c) Vitamina C.
d) Vitamina D.

19. ¿Con qué término se corresponde esta definición: «la técnica y el arte de utilizar los alimentos de la forma adecuada, partiendo del conocimiento profundo del organismo humano y de los alimentos, para proponer y promover formas de alimentación, variada, suficiente y equilibrada»?

a) Dietoterapia.
b) Nutrición.
c) Bromatología.
d) Dietética.

20. Un IMC (índice de Masa Corporal) de 27, según Garrow, estaría en el grado de obesidad:

a) No obesidad.
b) Leve.
c) Moderada.
d) Grave.

En MADTEST tienes **más preguntas de este tema**, y todos tus avances quedan registrados y se reflejan en el ranking.

¡Supera tus límites con MADTEST!

Solución al test n.º 20

1. b) Alimentación.

2. c) Plásticos.

3. d) Alimentos plásticos.

4. a) VI.

5. a) Recomendaciones de estilos de vida saludable (equilibrio emocional, actividad física diaria, ingesta adecuada de agua…).

6. c) 2,5 litros.

7. c) Sostenible.

8. b) La Agencia Española de Seguridad Alimentaria y Nutrición (AESAN).

9. a) La carne de cordero.

10. b) La Caloría grande (Cal).

11. c) 1100.

12. b) La temperatura del medio.

13. b) Bacterias.

14. c) Los insecticidas.

15. c) Triptófano.

16. d) Grasas y azúcares.

17. a) Vitaminas.

18. a) Vitamina A.

19. d) Dietética.

20. b) Leve.

TEST N.º 21

Medicamentos: Tipos de medicamentos, vías de administración: oral, rectal y tópica. Precauciones para su administración. Condiciones de conservación y almacenaje. Caducidades

1. Toda sustancia empleada en la fabricación de un medicamento, ya permanezca inalterada, se modifique o desaparezca en el transcurso del proceso, se llama:

a) Excipiente.
b) Coadyuvante.
c) Materia prima.
d) Principio activo.

2. ¿Cómo se denomina todo medicamento que tenga la misma composición cualitativa y cuantitativa en principios activos y la misma forma farmacéutica, y cuya bioequivalencia con el medicamento de referencia haya sido demostrada por estudios adecuados de biodisponibilidad?

a) Medicamento especial.
h) Medicamento magistral.
c) Medicamento de investigación.
d) Medicamento genérico.

3. ¿Cómo se consideran las «premezclas para piensos medicamentosos» elaboradas para ser incorporadas a un pienso?

a) Medicamentos de uso humano.
b) Medicamentos de uso veterinario.
c) Medicamentos de terapia génica.
d) Medicamentos de origen humano.

4. La farmacodinamia estudia:

a) Los efectos de los fármacos en el organismo.
b) La aplicación de los fármacos en el ser humano con la finalidad de curar o de alterar voluntariamente una función normal.

c) Las reacciones adversas y las enfermedades producidas por los medicamentos.

d) La evolución de un fármaco en el organismo tras su administración por distintas vías, identificando los metabolitos y las modalidades de eliminación.

5. Cuando digo aspirina me estoy refiriendo a:

a) La marca registrada (nombre comercial).
b) Nombre científico.
c) Nombre químico.
d) Nombre genérico.

6. ¿Qué mecanismo de acción de fármacos serán aquellos en los que no intervienen estructuras biológicas especializadas (receptores)?

a) Estocástico.
b) No específico.
c) Específico.
d) Variable.

7. ¿Qué órgano se encarga de la eliminación de los metabolitos?

a) Esófago.
b) Estómago.
c) Hígado.
d) Páncreas.

8. El paso del fármaco de la sangre a los tejidos dependerá de su fijación a:

a) Proteínas plasmáticas.
b) Lípidos serológicos.
c) Glúcidos plasmáticos.
d) ATP circulante.

9. El efecto primario pretendido, es decir, la razón por la cual se prescribe el fármaco, con una dosis mínima eficaz es el efecto:

a) Secundario.
b) Lateral.
c) Terapéutico.
d) Adverso.

10. ¿Qué medicamentos de estos son formas farmacéuticas líquidas?

a) Polvos.
b) Sellos.

c) Emulsiones.
d) Geles.

11. ¿Cuál es la parte de la farmacología que estudia el movimiento de los fármacos en el organismo en función del tiempo y la dosis, desde que se administra hasta su eliminación total?

a) Farmacología clínica.
b) Farmacodinamia.
c) Farmacocinética.
d) Farmacognosia.

12. ¿Cómo se denomina el procedimiento que se lleva a cabo con la hoja de tratamiento correspondiente, para asegurarse al mismo tiempo del nombre del paciente, número de habitación y cama, medicamento y dosis a administrar, vía y horario?

a) Comprobación de los 5 errores o los 5 correctos.
b) Comprobación de la filiación del enfermo.
c) Comprobación de los 8 errores.
d) Nada de lo anterior es cierto.

13. Todo lo que se expone de la administración de un fármaco por vía oral es cierto, excepto que:

a) Puede y debe administrarse un medicamento preparado por otra persona (si requiere lo mismo).
b) No se deben administrar medicamentos en un recipiente mal rotulado.
c) No se debe perder de vista el carrito unidosis o bandeja de medicamentos.
d) Los medicamentos no usados nunca se regresan a los recipientes, se desechan o bien se avisa a farmacia.

14. ¿Qué afirmación es cierta respecto a la administración oftálmica?

a) No deben aplicarse las gotas estando la persona de pie o sentada, solo se pondrá si está en decúbito.
b) Nunca se eliminará el exceso de medicación con una gasa limpia.
c) Se limpiarán los ojos de secreciones con una gasa estéril empapada en una solución irrigante, utilizando una gasa diferente para cada ojo con el fin de no contaminar o extender la infección.
d) No se debe tirar del parpado inferior y sí del superior, para aplicar el medicamento.

15. Los sistemas percutáneos se corresponden con la vía:

a) Tópica.
b) Intratecal.

c) Intraneural.
d) Transdérmica.

16. ¿Qué vía es parenteral directa?

a) Vía subcutánea.
b) Vía intraósea.
c) Vía intraarterial.
d) Son ciertas las respuestas a) y c).

17. ¿Cuál es el motivo por el que se evita la perfusión venosa en las piernas de medicamentos?

a) No existe ningún motivo, y se hace habitualmente en la práctica.
b) Mayor riesgo de infecciones.
c) Mayor riesgo de hemorragias.
d) Mayor riesgo de tromboflebitis.

18. ¿Qué otro nombre recibe la vía subcutánea?

a) Vía transdérmica.
b) Vía intradérmica.
c) Vía hipodérmica.
d) Vía subdérmica.

19. ¿Qué vía de esta es intrarraquídea?

a) Vía intratecal.
b) Vía intraarticular.
c) Vía intraperitoneal.
d) Vía intraótica.

20. Se recomienda y considera, según la OMS, que todos los medicamentos tienen una vigencia máxima, desde su fecha de fabricación, de:

a) 1 año.
b) 3 años.
c) 5 años.
d) 10 años.

En MADTEST tienes **más preguntas de este tema**, y todos tus avances quedan registrados y se reflejan en el ranking.

¡Supera tus límites con MADTEST!

Solución al test n.º 21

1. c) Materia prima.

2. d) Medicamento genérico.

3. b) Medicamentos de uso veterinario.

4. a) Los efectos de los fármacos en el organismo.

5. a) La marca registrada (nombre comercial).

6. b) No específico.

7. c) Hígado.

8. a) Proteínas plasmáticas.

9. c) Terapéutico.

10. c) Emulsiones.

11. c) Farmacocinética.

12. a) Comprobación de los 5 errores o los 5 correctos.

13. a) Puede y debe administrarse un medicamento preparado por otra persona (si requiere lo mismo).

14. c) Se limpiarán los ojos de secreciones con una gasa estéril empapada en una solución irrigante, utilizando una gasa diferente para cada ojo con el fin de no contaminar o extender la infección.

15. d) Transdérmica.

16. c) Vía intraarterial.

17. d) Mayor riesgo de tromboflebitis.

18. c) Vía hipodérmica.

19. a) Vía intratecal.

20. c) 5 años.

TEST N.º 22

Atención al paciente con oxigenoterapia: métodos de administración de oxígeno, precauciones y método de limpieza del material

1. ¿Qué tipo de epitelio posee la capa mucosa que tapiza las fosas nasales?

a) Cúbico.
b) Plano.
c) Cilíndrico ciliado.
d) Cilíndrico sin cilios.

2. ¿Cuánto mide aproximadamente la faringe en cm?

a) 4.
b) 8.
c) 12.
d) 2.

3. ¿Dónde está la epiglotis?

a) En la faringe.
b) En la laringe.
c) En la tráquea.
d) En el esófago.

4. ¿Cómo se denominan las estructuras tubulares bronquiales que no poseen anillos cartilaginosos?

a) Bronquios principales.
b) Bronquios primarios.
c) Bronquiolos.
d) Bronquios secundarios.

5. ¿Cómo se denominan las estructuras bronquiales extrapulmonares?

a) Bronquios principales.
b) Bronquios terciarios.
c) Bronquiolos.
d) Bronquios secundarios.

6. ¿Cómo se denomina la capa muy fina que envuelve los pulmones?

a) Pleura.
b) Mediastino.
c) Hilios.
d) Alveolos.

7. ¿Qué tipo de mecanismo se emplea en el intercambio de gases a nivel alveolocapilar en pulmones?

a) Difusión simple o difusión.
b) Transporte activo.
c) Pinocitosis.
d) Fagocitosis.

8. ¿Qué es falso de la circulación menor?

a) En ella hay dos venas pulmonares que van a aurícula derecha.
b) La sangre arterial circula por las venas pulmonares.
c) La sangre que transportan las arterias pulmonares está cargada de dióxido de carbono y empobrecida en oxígeno.
d) La hematosis es el fenómeno de intercambio de gases a nivel alveolocapilar.

9. ¿Cuánto volumen de aire entra en una inspiración normal en nuestros pulmones?

a) Cuarto de litro.
b) Medio litro.
c) Un litro.
d) Cinco litros.

10. ¿Qué circunstancia se da cuando la saturación de oxígeno en sangre unido a hemoglobina es del 80 %?

a) De saturación grave.
b) De saturación moderada.
c) De saturación leve.
d) No existe desaturación.

11. Se define bronquitis crónica cuando hipersecreción de moco y la tos productiva crónica recurrente durante un mínimo de:

a) Tres meses al año en dos años consecutivos.
b) Tres meses al año en tres años consecutivos.
c) Dos meses al año en tres años consecutivos.
d) Dos meses al año en dos años consecutivos.

12. ¿A qué se denomina cambios destructivos de las paredes alveolares y agrandamiento de espacios aéreos distales a los bronquios terminales, no respiratorios de forma irreversible?

a) Bronquiectasia.
b) Enfisema.
c) Bronquitis.
d) EPOC.

13. Las bronquitis agudas son más frecuentes en:

a) Niños y ancianos.
b) Mujeres embarazadas y ancianos.
c) Niños y adultos fumadores.
d) Ancianos y adultos no fumadores.

14. ¿Qué disnea es típica del asma bronquial?

a) Disnea paroxística.
b) Disnea espiratoria.
c) Disnea diurna.
d) Disnea de decúbito.

15. ¿Cuál es la causa más frecuente de un neumotórax espontaneo secundario?

a) EPOC.
b) Traumatismo.
c) Cirugía torácica.
d) Catamenial.

16. ¿Cómo se denominan los respiradores que permiten regular solamente la presión de insuflación y exigen una estrecha vigilancia del paciente?

a) Respiradores automáticos.
b) Respiradores de volumen.
c) Respiradores semiautomáticos.
d) Respiradores de presión.

17. ¿Qué intubación endotraqueal es la más empleada en la práctica?

a) Intubación orotraqueal.
b) Intubación nasotraqueal.
c) Intubación con transiluminación.
d) Intubación laringotraqueal.

18. ¿Cómo se denomina aquel trastorno qué aparece en la hipoventilación alveolar y se caracteriza por una $PaCO_2$ elevada y un pH bajo?

a) Acidosis respiratoria.
b) Alcalosis respiratoria.
c) Acidosis metabólica.
d) Alcalosis metabólica.

19. ¿Qué se denomina por fallo del sistema respiratorio en una o en ambas de las funciones de intercambio gaseoso: la oxigenación de la sangre arterial y la eliminación del anhídrido carbónico?

a) Insuficiencia respiratoria.
b) EPOC.
c) Enfisema.
d) Atelectasia.

20. ¿Qué tipo de dispositivo se usa específicamente para suministrar oxígeno humidificado y calentado en pacientes con insuficiencia respiratoria aguda?

a) Concentradores de oxígeno portátiles.
b) Mascarillas de alto flujo.
c) Sistemas de oxígeno transnasal.
d) Dispositivos de conservación de oxígeno.

En MADTEST tienes **más preguntas de este tema**, y todos tus avances quedan registrados y se reflejan en el ranking.

¡Supera tus límites con MADTEST!

Solución al test n.º 22

1. c) Cilíndrico ciliado.

2. c) 12.

3. b) En la laringe.

4. c) Bronquiolos.

5. a) Bronquios principales.

6. a) Pleura.

7. a) Difusión simple o difusión.

8. a) En ella hay dos venas pulmonares que van a aurícula derecha.

9. b) Medio litro.

10. a) De saturación grave.

11. a) Tres meses al año en dos años consecutivos.

12. b) Enfisema.

13. c) Niños y adultos fumadores.

14. a) Disnea paroxística.

15. a) EPOC.

16. d) Respiradores de presión.

17. a) Intubación orotraqueal.

18. a) Acidosis respiratoria.

19. a) Insuficiencia respiratoria.

20. b) Mascarillas de alto flujo.

TEST N.º 23

Aplicación local de frío y calor: indicaciones.
Efectos sobre el organismo. Procedimientos y precauciones

1. ¿Qué especialidad de la medicina aprovecha los efectos terapéuticos del frío y del calor aplicándolos en las superficies corporales?

a) Fisioterapia.
b) Medicina química.
c) Medicina eléctrica.
d) Electroterapia.

2. El empleo de electricidad como medio físico y terapéutico se denomina:

a) Medicina física.
b) Medicina eléctrica.
c) Electroterapia.
d) Son ciertas las respuestas b) y c).

3. ¿Cómo se denomina la aplicación de frío como medio terapéutico de fisioterapia?

a) Hidroterapia.
b) Helioterapia.
c) Crioterapia.
d) Termoterapia.

4. ¿Sobre qué parte corporal posee mayores repercusiones los efectos del calor en termoterapia?

a) Sobre la piel.
b) Sobre los dientes.
c) Sobre el sistema óseo.
d) Sobre el aparato respiratorio.

5. ¿Sobre qué sistema o aparato no actúa el calor con un efecto terapéutico general?

a) Sobre el aparato cardiocirculatorio.
b) Sobre el sistema nervioso.
c) Sobre el aparato digestivo.
d) Actúa sobre todos los anteriores.

6. ¿Qué técnica se emplea en crioterapia al aplicar sobre la superficie un agente a una temperatura inferior?

a) Radiación.
b) Conversión.
c) Conducción.
d) Convección.

7. La aplicación local de frío no tiene como efecto:

a) Palidez y frío sobre la piel.
b) El antitérmico.
c) El inflamatorio.
d) El antihemorrágico.

8. La manta eléctrica es una forma de aplicación de:

a) Calor seco.
b) Calor húmedo.
c) Frío seco.
d) Frío húmedo.

9. ¿Qué técnicas de estas no se emplea para aplicar calor seco?

a) Bolsa de agua caliente.
b) Compresas calientes.
c) Manta eléctrica y almohadilla eléctrica.
d) Lámpara de calor.

10. ¿En qué circunstancias hay que tomar medidas especiales de precaución cuando se aplica calor o frío localmente?

a) Cuando se aplica a niños/as.
b) Cuando se aplica a ancianos/as.
c) Cuando se aplica a pacientes inconscientes.
d) Cuando se aplica en todos los casos anteriores.

11. ¿En qué circunstancias de estas puede estar contraindicada la termoterapia?

a) En espasmos musculares.
b) En la menstruación con dismenorrea.
c) En grandes hematomas o hemorragias si son recientes.
d) En presencia de molestias gastrointestinales.

12. ¿Qué tiempo de aplicación debe emplearse en congestiones de la cabeza y cansancios de pies, si se da crioterapia?

a) Un cuarto de hora.
b) Diez minutos.
c) 4 a 5 minutos.
d) 30 a 60 segundos.

13. ¿En qué circunstancia de estas se contraindica la crioterapia?

a) Hemorroides.
b) Artrosis.
c) Enfermedad de Raynaud.
d) Dismenorrea.

14. ¿Qué es falso del uso de la manta eléctrica y almohadilla eléctrica empleadas en termoterapia?

a) La diferencia entre ambas es que la manta tiene mayor superficie que la almohadilla.
b) Ambas llevan en su interior una resistencia eléctrica.
c) Son variantes de aplicación de calor húmedo.
d) No se emplean en crioterapia.

15. ¿Cuál es el tiempo de aplicación normalmente de calor mediante lámpara de infrarrojos?

a) 1 a 3 minutos.
b) 10 a 20 minutos.
c) 21 a 27 minutos.
d) 30 minutos.

16. ¿Por qué medio se transmite el calor mediante la aplicación de ceras o baños de parafina?

a) Por conducción.
b) Por convección.
c) Por radiación.
d) Por conversión.

17. ¿Qué técnica no se aplica en el modo de transferencia de calor de los empleados en termoterapia por conversión?

a) Mediante radiación de microondas.
b) Mediante ultrasonidos.
c) Mediante onda corta.
d) Mediante compresas.

18. El mejor beneficio se logra manteniendo la bolsa de hielo sobre el lugar indicado en crioterapia durante:

a) Unos 30 minutos, para después descansar durante una hora y volver a realizar la aplicación.
b) Unos 30 minutos, para después descansar durante media hora y volver a realizar la aplicación.
c) Unos 20 minutos, para después descansar durante una hora y volver a realizar la aplicación.
d) Unos 20 minutos, para después descansar durante media hora y volver a realizar la aplicación.

19. ¿Para qué zonas corporales se emplean los remojos fríos?

a) Cabeza y cara.
b) Tórax y espalda.
c) Manos, brazos, pies, piernas y región perineal.
d) Abdomen y zona lumbar.

20. ¿Qué término se emplea para aquellas aplicaciones de placas calientes compuestas de barro y parafina en una zona concreta del cuerpo?

a) Peloides.
b) Pseudoparafinas.
c) Termóforos.
d) Parafangos.

En MADTEST tienes **más preguntas de este tema**, y todos tus avances quedan registrados y se reflejan en el ranking.

¡Supera tus límites con MADTEST!

Solución al test n.º 23

1. a) Fisioterapia.

2. c) Electroterapia.

3. c) Crioterapia.

4. a) Sobre la piel.

5. d) Actúa sobre todos los anteriores.

6. c) Conducción.

7. c) El inflamatorio.

8. a) Calor seco.

9. b) Compresas calientes.

10. d) Cuando se aplica en todos los casos anteriores.

11. c) En grandes hematomas o hemorragias si son recientes.

12. d) 30 a 60 segundos.

13. c) Enfermedad de Raynaud.

14. c) Son variantes de aplicación de calor húmedo.

15. b) 10 a 20 minutos.

16. a) Por conducción.

17. d) Mediante compresas.

18. a) Unos 30 minutos, para después descansar durante una hora y volver a realizar la aplicación.

19. c) Manos, brazos, pies, piernas y región perineal.

20. d) Parafangos.

Higiene de los centros sanitarios: antisépticos, desinfectantes. Esterilización. Métodos de esterilización según tipo de material. Tipos de controles. Manipulación y conservación del material estéril

1. ¿Qué tipo de agentes utiliza más frecuentemente la asepsia para conseguir matar y eliminar los microorganismos?

a) Agentes mecánicos.
b) Agentes físicos.
c) Agentes biológicos.
d) Agentes químicos.

2. El material estéril:

a) No posee ningún tipo de microorganismo patógeno.
b) No posee gérmenes tipo virus, bacterias y hongos.
c) No posee ningún tipo de microorganismo patógeno, ni microorganismo no patógeno, e incluso ni siquiera sus formas de resistencia.
d) No posee ningún tipo de microorganismo patógeno y no patógeno.

3. ¿Qué termino es sinónimo de antisepsia en la práctica?

a) Descontaminación.
b) Desinfección.
c) Esterilización.
d) Desinfestación.

4. ¿Cómo se denomina al conjunto de técnicas destinadas a la eliminación de los artrópodos?

a) Desinsectación.
b) Desinfección.
c) Esterilización.
d) Desinfestación.

5. ¿Qué insecticidas en la práctica se consideran los más importantes?

a) Asfixiantes.
b) Fumigantes.
c) Repelentes.
d) Por contacto.

6. ¿A qué grupo de insecticidas pertenece el famoso DDT?

a) Asfixiantes.
b) Fumigantes.
c) Repelentes.
d) Por contacto.

7. ¿Dónde incluirías a la aguja de Reverdin en la clasificación del instrumental quirúrgico?

a) En instrumental de Hemostasia.
b) En instrumental de sutura.
c) En instrumental de disección.
d) En instrumental de corte.

8. Dentro de la clasificación de bisturíes entra:

a) Tijeras para suturas.
b) Pinzas de Kelly.
c) Las lancetas.
d) Catgut.

9. Las pinzas utilizadas para hemostasia de menor tamaño son:

a) Pean.
b) Kelly.
c) Kocher.
d) Mosquito.

10. El instrumental quirúrgico de síntesis es el instrumental:

a) De talla o campo.
b) De sutura.
c) De hemostasia.
d) De exposición.

11. ¿Mediante qué procedimiento hoy día en los autoclaves modernos se comprueban las condiciones físicas de los aparatos?

a) Mediante impresión de los registros o gráfico directo de los registros de presión, tiempo y temperatura.
b) Mediante sensor térmico.
c) Mediante sensor de presión.
d) Mediante sensor de variables.

12. ¿Cuál de estos métodos de control no corresponde a controles físicos?

a) Los termómetros.
b) Los manómetros.
c) Los tubos testigos.
d) Los medidores de humedad.

13. ¿Dónde se colocan los indicadores colorimétricos como medio de control químico esencialmente térmico que comprueban si la esterilización ha funcionado?

a) Se colocan dentro del paquete a esterilizar y en zonas del interior del autoclave de difícil acceso.
b) Se colocan en el exterior en forma de cinta autoadhesiva y en zonas del interior del autoclave de difícil acceso.
c) Se colocan en el exterior en forma de cinta autoadhesiva y dentro del paquete.
d) Se colocan en el exterior en forma de cinta autoadhesiva, dentro del paquete y en zonas del interior del autoclave de difícil acceso.

14. ¿Qué técnicas de medio de control químico (testigo) se realizan en esterilización?

a) Técnicas azufradas.
b) Técnicas colorimétricas.
c) Técnicas olorimétricas.
d) Las respuestas a) y c) son correctas.

15. ¿De qué depende el período que dura una esterilización?

a) Depende del tipo de control biológico realizado y del tipo de envoltorio empleado.
b) Depende del tipo de envoltorio utilizado y del medio de transporte empleado.
c) Depende del tipo de envoltorio utilizado, de las condiciones de almacenamiento, del tipo de material, y del transporte empleado, entre otros.
d) Depende del tipo de control físico, químico y biológico realizado.

16. ¿Qué se emplea para el transporte del material esterilizado si es voluminoso?

a) Se utilizan grúas especiales.
b) Se utilizan carretillas abiertas.
c) Se utilizan bolsas de plástico cerradas.
d) Se utilizan carros herméticos.

17. El material esterilizado que se vaya a almacenar en las plantas debe ser utilizado en:

a) 6-12 horas.
b) 24-48 horas.
c) 48-72 horas.
d) 72-96 horas.

18. ¿Cuál es el tiempo de caducidad del material esterilizado dentro de las bolsas o papel mixto envasado doble y empleado para autoclaves?

a) De 3 meses.
b) De 6 meses.
c) De 9 meses.
d) De 12 meses.

19. ¿Cuál es el tiempo de caducidad del material esterilizado en las condiciones de triple barrera?

a) 1 mes.
b) 2 meses.
c) 3 meses.
d) 6 meses.

20. ¿Cuál es el tiempo de caducidad del material esterilizado dentro de los contenedores con protección de filtro?

a) 1 mes.
b) 2 meses.
c) 3 meses.
d) 6 meses.

En MADTEST tienes **más preguntas de este tema**, y todos tus avances quedan registrados y se reflejan en el ranking.

¡Supera tus límites con MADTEST!

Solución al test n.º 24

1. b) Agentes físicos.

2. c) No posee ningún tipo de microorganismo patógeno, ni microorganismo no patógeno, e incluso ni siquiera sus formas de resistencia.

3. b) Desinfección.

4. a) Desinsectación.

5. d) Por contacto.

6. d) Por contacto.

7. b) En instrumental de sutura.

8. c) Las lancetas.

9. d) Mosquito.

10. b) De sutura.

11. a) Mediante impresión de los registros o gráfico directo de los registros de presión, tiempo y temperatura.

12. c) Los tubos testigos.

13. d) Se colocan en el exterior en forma de cinta autoadhesiva, dentro del paquete y en zonas del interior del autoclave de difícil acceso.

14. b) Técnicas colorimétricas.

15. c) Depende del tipo de envoltorio utilizado, de las condiciones de almacenamiento, del tipo de material, y del transporte empleado, entre otros.

16. d) Se utilizan carros herméticos.

17. b) 24-48 horas.

18. d) De 12 meses.

19. c) 3 meses.

20. d) 6 meses.

TEST N.º 25

Infecciones nosocomiales: definición, cadena epidemiológica. Barreras higiénicas. Tipos y medidas de aislamiento. Importancia del lavado de manos

1. La persona con capacidad padecer una enfermedad infecciosa se denomina técnicamente:

a) Portador enfermo.
b) Portador sano o asintomático.
c) Huésped susceptible.
d) Huésped refractario.

2. La Epidemiología de las enfermedades transmisibles estudia los factores que van a relacionar el agente causal con…

a) El portador.
b) El ambiente.
c) El sujeto o huésped susceptible.
d) El reservorio.

3. ¿Cuál de estas afirmaciones no es correcta respecto a los postulados de Koch?

a) Siempre debemos encontrar el microorganismo en la enfermedad.
b) Se debe aislar, pero no se cultiva desde las lesiones.
c) Se reproduce la enfermedad al inocular un cultivo puro a un animal susceptible.
d) El microorganismo debe dar lugar a una respuesta inmune detectable en laboratorio.

4. ¿Cómo se denomina la relación de interacción entre agente causal y huésped cuando existe beneficio para el agente o el huésped, pero sin perjuicio para el otro?

a) Saprofitismo.
b) Simbiosis.
c) Parasitismo.
d) Comensalismo.

5. ¿Cómo se denomina la capacidad del agente etiológico para extenderse?

a) Contagiosidad.
b) Infectividad.
c) Patogenicidad.
d) Virulencia.

6. Generalmente la fuente de la enfermedad transmisible suele ser la misma que:

a) El reservorio.
b) El portador sano.
c) El huésped susceptible.
d) El huésped refractario.

7. El suelo en la cadena epidemiológica se comporta como:

a) Reservorio exclusivamente.
b) Mecanismo de transmisión exclusivamente.
c) Reservorio o mecanismo de transmisión.
d) Huésped refractario o vía de contagio.

8. ¿A qué hace referencia la definición: "Todo ser animado o inanimado, en los que el agente etiológico se reproduce y se perpetúa en un ambiente natural del que depende para su supervivencia"?

a) Reservorio.
b) Fuente de infección.
c) Fuente de contagio.
d) Fuente adicional.

9. ¿Qué es la tasa de prevalencia?

a) Nº de personas portadoras en un período/nº de personas observadas en el período x meses de observación.
b) Nº de casos positivos/personas totales en un período específico.
c) Nº de casos negativos/nº de análisis realizados.
d) Ninguna es correcta.

10. ¿Cuál de estas opciones no es un mecanismo de transmisión indirecta de una enfermedad?

a) Por el aire.
b) Por arañazos.
c) Baños.
d) Artrópodos.

11. Existe reservorio telúrico cuando existe transmisión al hombre por medio de:

a) El suelo.
b) El agua.
c) Fómites.
d) Todo lo anterior es cierto.

12. ¿Cuál es la distancia mínima para que se produzca una transmisión directa de una infección por vía aérea, aunque propiamente no exista contacto directo?

a) 1 metro.
b) 2 metros.
c) 3 metros.
d) 4 metros.

13. ¿Qué vía de transmisión de estas es la más frecuente?

a) Transplacentaria.
b) Por bebida de fuente contaminada o comida contaminada.
c) Por vía aérea.
d) Por vía venérea.

14. ¿Cuál es el último eslabón de la cadena epidemiológica?

a) Huésped susceptible (con capacidad de enfermar).
b) Huésped refractario (sin capacidad de enfermar).
c) Fuente.
d) Vector.

15. ¿Qué afirmación es incorrecta en relación a las infecciones relacionadas con la asistencia sanitaria (IRAS)?

a) Son una causa mayor de mortalidad y de sufrimiento para los pacientes.
b) Son fáciles de tratar, a pesar de estar causadas por bacterias multirresistentes (BMR).
c) Incluyen a la infección nosocomial clásica, más las infecciones adquiridas por pacientes de la comunidad en contacto con la asistencia sanitaria.
d) Generan gran frustración a los profesionales sanitarios e incremento de forma considerable el gasto económico.

16. ¿Qué Servicio o Unidad de Hospitalización presenta la mayor prevalencia de infecciones hospitalarias?

a) UCI.
b) Rehabilitación.
c) Cardiología.
d) Consultas Externas.

17. ¿Cómo se denomina la infección causada por microorganismos pertenecientes a la propia flora comensal del paciente?

a) Exógena.
b) Ecológica.
c) Endógena.
d) Es imposible que esta se dé.

18. ¿A qué se asocia en mayor porcentaje el origen de las infecciones urinarias de tipo nosocomial? Se asocia a...

a) Heridas durante el esfuerzo de orinar.
b) Contactos directos del personal de enfermería con el paciente.
c) Manipulaciones instrumentales de las vías urinarias (sondaje vesical).
d) Fómites del cuarto de aseo del paciente.

19. ¿Cuál es la principal medida preventiva para evitar las infecciones cruzadas en el hospital?

a) Lavado de mano quirúrgico.
b) Lavado de mano higiénico.
c) Lavado de mano especial.
d) Lavado de mano antiséptico.

20. ¿Qué medida no es preventiva de las infecciones respiratorias de tipo nosocomial?

a) Esterilizar los broncoscopios cada vez que se utilicen.
b) Utilizar tubos endotraqueales estériles y desechables.
c) Realizar traqueotomías con frecuencia.
d) Favorecer los tratamientos posturales y hacer fisioterapia respiratoria, motivando al paciente para que aproveche al máximo su capacidad pulmonar.

En MADTEST tienes **más preguntas de este tema**, y todos tus avances quedan registrados y se reflejan en el ranking.

¡Supera tus límites con MADTEST!

Solución al test n.º 25

1. c) Huésped susceptible.

2. c) El sujeto o huésped susceptible.

3. b) Se debe aislar, pero no se cultiva desde las lesiones.

4. d) Comensalismo.

5. a) Contagiosidad.

6. a) El reservorio.

7. c) Reservorio o mecanismo de transmisión.

8. a) Reservorio.

9. b) Nº de casos positivos/personas totales en un período específico.

10. b) Por arañazos.

11. d) Todo lo anterior es cierto.

12. a) 1 metro.

13. c) Por vía aérea.

14. a) Huésped susceptible (con capacidad de enfermar).

15. b) Son fáciles de tratar, a pesar de estar causadas por bacterias multirresistentes (BMR).

16. a) UCI.

17. c) Endógena.

18. c) Manipulaciones instrumentales de las vías urinarias (sondaje vesical).

19. b) Lavado de mano higiénico.

20. c) Realizar traqueotomías con frecuencia.

TEST N.º 26

Atención y cuidados al paciente en situación terminal: actitud ante la muerte. Duelo. Apoyo al cuidador principal y familia. Cuidados post mórtem

1. ¿Qué aspecto de estos es clave que se dé en cuidados paliativos, siempre que sea posible?

a) La atención hospitalaria.
b) La atención en centro de salud habitual.
c) La atención en centro de salud especializado.
d) La atención domiciliaria.

2. Respecto a los cuidados paliativos no es cierto que:

a) Mejoran la calidad de vida de los pacientes y de sus familias.
b) Alivian el dolor y otros síntomas.
c) Aceleran la muerte.
d) Afirman la vida, y consideran la muerte como un proceso normal.

3. ¿Qué pronóstico (en meses) de vida es el promedio general en pacientes terminales?

a) Está limitado a 2 meses (± 1).
b) Está limitado a 3 meses (± 2).
c) Está limitado a 6 meses (± 3).
d) Está limitado a 9 meses (± 3).

4. ¿Qué principio básico, según Beauchamp y Childress, se sintetiza con la expresión latina *primum non nocere*?

a) Justicia.
b) No maleficencia.
c) Autonomía.
d) Beneficencia.

5. ¿En qué tipo de actuaciones se basan los cuidados paliativos?

a) Eutanasia.
b) Eugenesia.
c) Distanasia.
d) Ortotanasia.

6. A toda acción que pretende terminar con la vida del enfermo para acabar con el sufrimiento se le denomina:

a) Eutanasia.
b) Distanasia.
c) Eugenesia.
d) Ortotanasia.

7. ¿Cuál de estos derechos que se nombran a continuación, de las personas adultas en situación terminal, no consideras que sea tal?

a) Derecho a recibir atención médica y soporte personal.
b) Derecho a la autodeterminación y a rechazar un tratamiento.
c) Derecho a participar en la toma de decisiones relativas a las pruebas complementarias, aunque no en el tratamiento.
d) Derecho a ser tratados con la mayor dignidad y a ver su dolor aliviado.

8. Respecto al reposo y al sueño del enfermo terminal es cierto que:

a) Son infrecuentes las irregularidades en el patrón del sueño.
b) No se deben dar hipnóticos para el sueño, aunque se prescriban por el facultativo.
c) Hay que evitar que se sienta solo, y esto lo relaja y disminuye su estrés, favoreciendo que no se den las irregularidades del sueño.
d) La causa del insomnio siempre es psicológica.

9. ¿Qué consejo en la alimentación en cuidados paliativos es incorrecto?

a) No presionar o agobiar al paciente con la comida, intentando adaptarse al "gusto" del paciente.
b) Presentar la comida de forma atractiva (la comida entra por los ojos).
c) Fraccionar la dieta en seis o siete tomas al día (más veces, menos cantidad), evitando alimentos flatulentos, muy condimentados, o/y con olores intensos.
d) Hay que obligar a comer a los pacientes, la falta de comida constituye una ded las causas de empeoramiento.

10. ¿Qué virus es el que más frecuentemente aparece en la boca de los enfermos que están recibiendo quimioterapia?

a) Cándida.
b) Virus de Epstein-Barr.

c) Citomegalovirus.
d) Herpes simple.

11. ¿Qué aspecto no posee el dolor agudo que sí lo posee el dolor crónico?

a) Posee una misión biológica.
b) Mejor vía de administración la analgesia oral/rectal.
c) Posee un comienzo de alivio rápido.
d) El paciente presenta un estado emocional ante el dolor de cansado/ansioso.

12. ¿Qué factor de esto disminuye el dolor?

a) Miedo.
b) Depresión.
c) Vejez.
d) Sueño.

13. ¿Qué dolor de estos no es nociceptivo?

a) El dolor somático, por estimulación de los receptores periféricos.
b) El dolor visceral, por infiltración, compresión o distensión de vísceras.
c) El dolor neuropático, por daño del Sistema Nervioso Central (dolor central) o periférico (desaferentización).
d) Todos son nociceptivos.

14. Todo lo que se expone del fentanilo es cierto, excepto que:

a) Es un opioide sintético.
b) El fentanilo tiene indicaciones diferentes a la morfina en el tratamiento de dolor crónico que no responda al segundo escalón de la OMS.
c) El principal inconveniente del fentanilo-TTS es su mala adherencia en pieles sudorosas o/y febriles.
d) El fentanilo está especialmente indicado en disfagia/odinofagia, cuando existe un escaso cumplimiento de la medicación oral y cuando se dan problemas en el tránsito gastrointestinal (ocasiona menos estreñimiento).

15. ¿Qué causa de la ansiedad se relaciona con las fases de duelo de la doctora Kübler-Ross?

a) Los problemas relacionados con efectos directos de la enfermedad o complicaciones médicas.
b) Las reacciones adaptativas como consecuencia de la aparición de cambios inevitables.
c) Los problemas derivados de la existencia previa de problemas psicológicos.
d) Aquellas derivadas de los efectos secundarios del tratamiento.

16. ¿Qué nivel de sedación presenta un paciente con una respuesta rápida a estímulos dolorosos/presión glabelar, según la escala de Ramsay?

a) Nivel de sedación II.
b) Nivel de sedación III.
c) Nivel de sedación IV.
d) Nivel de sedación V.

17. ¿Cómo se denomina la capacidad para comprender, aceptar y compartir los sentimientos del paciente (incluso de otras personas)?

a) Catarsis.
b) Empatía.
c) Reflexividad.
d) Eustrés.

18. ¿Qué respuestas es incorrecta?

a) Las familias necesitan atención al mismo tiempo que el paciente terminal.
b) Los familiares deben ser partícipes del plan de cuidados del paciente.
c) No es conveniente instruir a los familiares en los cuidados necesarios para el paciente.
d) El médico debe facilitar a la familia la mayor cantidad de información posible sobre el estado del paciente.

19. ¿Cuál de estas etapas de aceptación de la muerte (Kübler-Ross) suele ser cronológicamente la primera?

a) Ira.
b) Negociación.
c) Negación.
d) Aceptación.

20. ¿En qué fase según Spoken está el paciente terminal que aún no conoce el diagnóstico ni el alcance de la enfermedad, pero la familia sí?

a) Fase de despreocupación.
b) Fase de inseguridad.
c) Fase de negación.
d) Fase de comunicación de la verdad.

En MADTEST tienes **más preguntas de este tema,** y todos tus avances quedan registrados y se reflejan en el ranking.

¡Supera tus límites con MADTEST!

Solución al test n.º 26

1. d) La atención domiciliaria.

2. c) Aceleran la muerte.

3. c) Está limitado a 6 meses (± 3).

4. b) No maleficencia.

5. d) Ortotanasia.

6. a) Eutanasia.

7. c) Derecho a participar en la toma de decisiones relativas a las pruebas complementarias, aunque no en el tratamiento.

8. c) Hay que evitar que se sienta solo, y esto lo relaja y disminuye su estrés, favoreciendo que no se den las irregularidades del sueño.

9. d) Hay que obligar a comer a los pacientes, la falta de comida constituye una de las causas de empeoramiento.

10. d) Herpes simple.

11. b) Mejor vía de administración la analgesia oral/rectal.

12. d) Sueño.

13. c) El dolor neuropático, por daño del Sistema Nervioso Central (dolor central) o periférico (desaferentización).

14. b) El fentanilo tiene indicaciones diferentes a la morfina en el tratamiento de dolor crónico que no responda al segundo escalón de la OMS.

15. b) Las reacciones adaptativas como consecuencia de la aparición de cambios inevitables.

16. c) Nivel de sedación IV.

17. b) Empatía.

18. c) No es conveniente instruir a los familiares en los cuidados necesarios para el paciente.

19. c) Negación.

20. a) Fase de despreocupación.

TEST N.º 27

Atención y cuidados a personas con problemas de salud mental y/o toxicomanías: alcoholismo y drogodependencias. Técnicas de inmovilización

1. La definición de la OMS de salud mental dice que es el resultado de la presencia de aspectos, necesarios para alcanzar un estado de completo bienestar de tipo:

a) Psicológico, afectivo y ambiental sobre la salud.
b) Psicológico, afectivo y social sobre la salud.
c) Afectivo, social y ambiental sobre la salud.
d) Físico, psicológico y social sobre la salud.

2. ¿Qué aspectos multifactoriales se recogen en un mismo individuo?

a) Aspectos físicos, psíquicos, religiosos, culturales y ambientales.
b) Aspectos físicos, psíquicos, socioeconómicos y ambientales.
c) Aspectos físicos, sociales, éticos, psíquicos y ambientales.
d) Aspectos físicos, psíquicos, sociales, culturales y ambientales.

3. ¿Qué concepto implica que el hecho de la existencia de una relación de afecto, emoción o sentimiento de la persona vaya a tener repercusiones somáticas positivas o negativas, tales como cefaleas, náuseas, diarreas, etc.?

a) El concepto de dinamismo.
b) El concepto de interacción.
c) El concepto de normalidad.
d) El concepto de aversión.

4. ¿Qué número de edición es la vigente del _Manual diagnóstico y estadístico de los trastornos mentales de la Asociación Estadounidense de Psiquiatría_ (DSM)? La edición:

a) Segunda.
b) Tercera.

c) Cuarta.
d) Quinta.

5. ¿Cuántas categorías de trastornos mentales incluye la actual clasificación de trastornos mentales de la Asociación Estadounidense de Psiquiatría DSM?

a) 18.
b) 22.
c) 30.
d) 35.

6. ¿Qué clasificación de trastornos mentales recomienda la OMS que se use?

a) DSM- V.
b) CIE- 10.
c) DMS- III.
d) ASLO- V.

7. La ansiedad es un trastorno de tipo:

a) Psicótico.
b) Neurótico.
c) Sociopático.
d) Psicopático, asociado a toxicomanías.

8. ¿Qué característica presenta el nivel de ansiedad donde el individuo presenta una atención selectiva y un campo perceptivo disminuido?

a) Nivel de ansiedad leve.
b) Nivel de ansiedad moderado.
c) Nivel de ansiedad severo.
d) Ausencia.

9. El miedo irracional a los espacios abiertos se denomina:

a) Claustrofobia.
b) Dismorfobia.
c) Agorafobia.
d) Eritrofobia.

10. ¿Qué se denomina como contenidos o actividades psíquicas que se imponen en un individuo a pesar suyo?

a) Neurosis.
b) Fobia.

c) Obsesión.
d) Ilusión.

11. ¿Qué clínica caracteriza una vez que se inicia el síndrome de abstinencia a nicotina?

a) Alteraciones del sueño: insomnio y sueño no reparador.
b) Intranquilidad, excitación, nerviosismo y deseo de fumar.
c) Irritabilidad, agresividad, depresión y humor inestable.
d) Se produce todo lo anterior.

12. Según el modelo transteórico de las etapas del cambio de Prochaska y Diclemente, cuando una persona es consciente de que el hábito tabáquico es nocivo para su salud y piensa en dejarlo, pero aún no se ha comprometido, diremos que se encuentra en fase:

a) Precontemplativa.
b) Contemplativa.
c) Preparatoria.
d) De acción.

13. ¿Cómo se denomina la situación, como principio básico, que se da en un bebedor ocasional, pero consume grandes cantidades de alcohol sin llegar a la intoxicación cada vez que bebe, análogo al término consumo perjudicial?

a) Hábito.
b) Dependencia.
c) Uso.
d) Abuso.

14. ¿Cuántos gramos de etanol consumirá un bebedor si se ha tomado tres cervezas de 25 cc con una graduación alcohólica de 3 grados?

a) 18 g.
b) 1,8 g.
c) 3 g.
d) 0,9 g.

15. Dado que el alcohol inhibe la actividad del cerebelo, las personas que beben mucho alcohol pueden presentar:

a) Ataxia.
b) Afasia.
c) Anosognosia.
d) Hiperalgesia.

16. ¿Con qué dependencia está muy relacionado el síndrome de Wernicke-Korsakoff?

a) Con el consumo excesivo de alcohol.
b) Con el consumo excesivo de tabaco.
c) Con el consumo excesivo de heroína.
d) Con el consumo excesivo de benzodiacepinas.

17. ¿En qué grupo incluirías a las benzodiacepinas según efectos sobre el sistema nervioso?

a) Depresores.
b) Estimuladores.
c) Psicodislépticos o perturbadores del SNC.
d) Alucinógenos.

18. ¿Qué sustancia se emplea por vía IV para la intoxicación aguda de opiáceos por ser antagonista específico?

a) Rohipnol.
b) Metadona.
c) Naloxona.
d) Cannabis.

19. ¿Qué sustancia es el LSD?

a) Cocaína.
b) Heroína.
c) Ácido lisérgico.
d) Anfetamina.

20. El tratamiento de la dependencia de cannabis es fundamentalmente:

a) Metadona.
b) Haloperidol.
c) Betabloqueantes.
d) Psicológico.

En MADTEST tienes **más preguntas de este tema**, y todos tus avances quedan registrados y se reflejan en el ranking.

¡Supera tus límites con MADTEST!

Solución al test n.º 27

1. b) Psicológico, afectivo y social sobre la salud.

2. b) Aspectos físicos, psíquicos, socioeconómicos y ambientales.

3. b) El concepto de interacción.

4. d) Quinta.

5. b) 22.

6. b) CIE- 10.

7. b) Neurótico.

8. b) Nivel de ansiedad moderado.

9. c) Agorafobia.

10. c) Obsesión.

11. d) Se produce todo lo anterior.

12. b) Contemplativa.

13. d) Abuso.

14. b) 1,8 g.

15. a) Ataxia.

16. a) Con el consumo excesivo de alcohol.

17. a) Depresores.

18. c) Naloxona.

19. c) Ácido lisérgico.

20. d) Psicológico.

Conocimientos básicos sobre las úlceras por presión: concepto, proceso de formación, localización y factores de riesgo, etiología, medidas de prevención, movilización y cambios posturales

1. ¿Qué es lo más importante de lo que se expone en relación con las úlceras por presión a nivel sanitario?

a) Su tratamiento.
b) Su diagnóstico.
c) Su prevención.
d) Conocer sus causas.

2. ¿En qué personas se dan más úlceras por presión?

a) En personas encamadas.
b) En personas con buena movilidad.
c) En personas bien nutridas.
d) Nada de lo anterior es cierto.

3. ¿Qué causa de estas es neurológica o nerviosa en la génesis de la úlcera por presión?

a) Parálisis.
b) Arteriosclerosis.
c) Alteraciones de la microcirculación.
d) Todo lo anterior es cierto.

4. ¿Cuáles son los planos duros que ejercen presión para que se dé la úlcera por presión?

a) El colchón o asiento sobre el que reposa el enfermo y por otro la superficie ósea del paciente.
b) Las sábanas o colchas empleadas y las manos de los cuidadores.
c) Las manos de los cuidadores y el colchón o asiento sobre el que reposa el enfermo.
d) Las manos de los cuidadores y la superficie ósea del paciente.

5. ¿Qué tipo de enfermo de estos puede tener la consciencia alterada y por ello ser más susceptible a padecer úlceras por presión?

a) Enfermos psiquiátricos sometidos a fuertes dosis de sedantes.
b) Enfermos incontinentes.
c) Enfermos con Síndrome de Cushing.
d) Ninguno de los anteriores.

6. Se padecerá de úlcera por presión cuando haya circunstancias favorables y se dé un apoyo cutáneo que sobrepase como mínimo:

a) Media hora.
b) Una hora.
c) Dos a tres horas.
d) Veinte horas.

7. En posición de sentado, la úlcera por presión aparecerá más frecuentemente en:

a) La tuberosidad isquiática.
b) La tuberosidad púbica.
c) Los acromiones.
d) Los olécranos.

8. ¿Cómo se denominan las úlceras por presión acaecidas por mecanismos de presión y roce derivados del uso de materiales empleados en un tratamiento?

a) Mecánicas.
b) Físicas.
c) Iatrogénicas.
d) Idiopáticas.

9. La aparición de úlcera iatrogénica en muñecas y pies, suele ser por:

a) Agresiones indebidas del sanitario.
b) Sujeciones mecánicas.
c) Autolesiones.
d) No se producen.

10. ¿En qué estadio está una úlcera por presión (según la *Agency for Health Care and Research*) cuando aparece un eritema que no cede al retirar el estímulo de presión en piel intacta?

a) Estadio I.
b) Estadio II.
c) Estadio III.
d) Estadio IV.

11. ¿Cómo se denomina la última fase de formación de la úlcera de presión o forma más evolucionada?

a) Fase final de exitus.
b) Fase escoriativa.
c) Fase eritematosa.
d) Fase necrótica.

12. ¿Qué estadio es la preúlcera según la clasificación del *Grupo Nacional para el Estudio y Asesoramiento sobre las Úlceras por Presión y el Grupo Europeo de Úlceras por Presión*?

a) Estadio 0.
b) Estadio 1.
c) Estadio a.
d) Estadio A.

13. ¿Cuántos parámetros se valoran en la Escala de Norton?

a) 3.
b) 4.
c) 5.
d) 6.

14. Si la incontinencia del paciente es urinaria y fecal, en ese parámetro de la Escala de Norton obtendría una puntuación de:

a) 4.
b) 3.
c) 2.
d) 1.

15. ¿Qué puntuación presentaría un paciente (Escala de Norton) con úlcera por presión que presenta un estado físico general regular, una actividad disminuida, sin incontinencia, y está sentado y confuso?

a) 24.
b) 20.
c) 13.
d) 9.

16. ¿Qué factor o factores de riegos se miden en la Escala de Braden en pacientes con úlceras por presión?

a) Percepción sensorial (capacidad para reaccionar ante una molestia relacionada con la presión).
b) Estado físico.
c) Estado mental.
d) Incontinencia.

17. ¿Cuántos parámetros se valoran en la Escala de Braden?

a) 3.
b) 4.
c) 5.
d) 6.

18. ¿Cuál es la base para la prevención y el tratamiento de las úlceras por presión?

a) Sequedad de la cama y sus útiles.
b) Sequedad de la piel del paciente y adecuada nutrición de la misma.
c) Una planificación de los cuidados de enfermería basada en la continuidad sistemática de los mismos.
d) Son ciertas las respuestas a) y b).

19. ¿Cada cuánto tiempo deben realizarse los cambios de posición en pacientes con riesgos a úlceras por presión?

a) Cada 2-3 horas.
b) Cada 4-6 horas.
c) Cada 6-8 horas.
d) Cada 12 horas.

20. ¿Cuándo no está contraindicado el masaje en la UPP?

a) Nunca está contraindicado, es aconsejable.
b) Siempre está contraindicado, está prohibido ya que la agrava.
c) Cuando no agrava la preúlcera.
d) Si la zona aún no tiene enrojecimiento (eritema).

En MADTEST tienes **más preguntas de este tema**, y todos tus avances quedan registrados y se reflejan en el ranking.

¡Supera tus límites con MADTEST!

Solución al test n.º 28

1. c) Su prevención.

2. a) En personas encamadas.

3. a) Parálisis.

4. a) El colchón o asiento sobre el que reposa el enfermo y por otro la superficie ósea del paciente.

5. a) Enfermos psiquiátricos sometidos a fuertes dosis de sedantes.

6. c) Dos a tres horas.

7. a) La tuberosidad isquiática.

8. c) Iatrogénicas.

9. b) Sujeciones mecánicas.

10. a) Estadio I.

11. d) Fase necrótica.

12. a) Estadio 0.

13. c) 5.

14. d) 1.

15. c) 13.

16. a) Percepción sensorial (capacidad para reaccionar ante una molestia relacionada con la presión).

17. d) 6.

18. c) Una planificación de los cuidados de enfermería basada en la continuidad sistemática de los mismos.

19. a) Cada 2-3 horas.

20. d) Si la zona aún no tiene enrojecimiento (eritema).

**Atención y cuidados a la mujer gestante.
Alimentación. Higiene. Ejercicio y reposo**

1. Mientras no se demuestre lo contrario, toda amenorrea secundaria, incluso premenopáusica ha de valorarse como:

a) Enfermedad grave del embarazo.
b) Enfermedad grave ajena a la gestación.
c) Posible embarazo.
d) Enfermedad endocrina.

2. ¿Qué afirmación es incorrecta sobre la clínica de embarazo?

a) Los signos y síntomas son muy variables.
b) Es muy típico en el embarazo el cansancio y la tensión mamaria.
c) La clínica de embarazo es muy específica.
d) Las náuseas y los vómitos matutinos son habituales que se presenten en la gestación.

3. ¿Qué hormona es la que se detecta en el test de embarazo en orina cuando es positivo?

a) Hormona gonadotropina coriónica humana (HCG).
b) Hormona gonadotropina hipofisaria humana (HHG).
c) Prolactina (P).
d) Hormona folículo estimulante (FSH).

4. ¿Cuánto baja de peso aproximadamente el miometrio por involución una semana después del parto?

a) Una cuarta parte.
b) La mitad.
c) Tres cuartas partes.
d) El 90 %.

5. La prueba denominada test de O´Sullivan, típico en gestación, cuando da positivo se realiza a la embarazada el test llamado:

a) Tolerancia al gluten.
b) Coombs.
c) Toxoplasmosis.
d) Tolerancia oral a la glucosa.

6. ¿En qué semanas de gestación se realizará la ecografía donde se hace un estudio detallado valorando el crecimiento fetal, y descartando un retraso en el crecimiento?

a) En las semanas 8-10.
b) En las semanas 12-16.
c) En las semanas 16-22.
d) En las semanas 32-34.

7. ¿Qué circunstancia no es muy probable que se dé por el embarazo?

a) Pirosis.
b) Diarreas.
c) Hemorroides.
d) Estreñimiento.

8. ¿Cuál es el consumo diario de proteínas recomendado en gestante?

a) 0,5 g por kg de peso.
b) 1 g por kg de peso.
c) 1,5 g por kg de peso.
d) 2,5 g por kg de peso.

9. ¿Cuánto se debe consumir aproximadamente de hierro en todo el embarazo (en mg)?

a) 300.
b) 500.
c) 800.
d) 2500.

10. ¿Qué patología se previene con el consumo de yodo durante el embarazo?

a) Hipertiroidismo.
b) Enfermedad de Graves-Basedow.
c) Bocio.
d) Ninguno de los anteriores.

11. ¿Cuántas veces se recomienda bañarse a la gestante?

a) 1 vez al día.
b) 1 vez cada dos días.
c) 1 vez cada tres días.
d) 1 vez a la semana.

12. ¿Cómo se llama el parto qué ocurre a la 37 semana?

a) Parto a término.
b) Parto prematuro.
c) Parto pretérmino.
d) Parto postérmino.

13. El aborto se produce si finaliza la gestación antes de la semana:

a) 42.
b) 35.
c) 22.
d) 25.

14. ¿Cuántas fases bien diferenciadas existen en el parto?

a) 5.
b) 4.
c) 3.
d) 2.

15. El borramiento del cuello uterino produce:

a) El final de la dilatación del cuello.
b) La formación del canal del parto.
c) El inicio del alumbramiento.
d) Nada de lo anterior es cierto.

16. El periodo expulsivo se inicia en el momento en que la dilatación del orificio cervical uterino es completa, que es en cm con:

a) 5-6.
b) 7-8.
c) 10-12.
d) 20-36.

17. Con el alumbramiento se expulsa:

a) El recién nacido.
b) El líquido amniótico y el recién nacido.

c) La placenta y sus anejos (membranas…).

d) El líquido amniótico, el recién nacido y la placenta y sus anejos (membranas…).

18. ¿Cómo se denominan las pérdidas que fluyen por los genitales externos durante el puerperio?

a) Menorragias.

b) Dismenorreas.

c) Loquios.

d) Entuertos.

19. Las contracciones uterinas dolorosas propias del puerperio se denominan:

a) Contracciones de bruja.

b) Dismenorreas.

c) Loquios.

d) Entuertos.

20. ¿Cuánto debe durar aproximadamente el amamantar al bebe en cada pecho?

a) Más de 30 minutos.

b) Entre 20 a 30 minutos.

c) Entre 15 a 20 minutos.

d) Entre 10 a 15 minutos.

En MADTEST tienes **más preguntas de este tema**, y todos tus avances quedan registrados y se reflejan en el ranking.

¡Supera tus límites con MADTEST!

Solución al test n.º 29

1. c) Posible embarazo.

2. c) La clínica de embarazo es muy específica.

3. a) Hormona gonadotropina coriónica humana (HCG).

4. b) La mitad.

5. d) Tolerancia oral a la glucosa.

6. d) En las semanas 32-34.

7. b) Diarreas.

8. c) 1,5 g por kg de peso.

9. c) 800.

10. c) Bocio.

11. a) 1 vez al día.

12. a) Parto a término.

13. c) 22.

14. c) 3.

15. b) La formación del canal del parto.

16. c) 10-12.

17. c) La placenta y sus anejos (membranas…).

18. c) Loquios.

19. d) Entuertos.

20. d) Entre 10 a 15 minutos.

Urgencias y emergencias: concepto. Primeros auxilios en situaciones críticas: politraumatizados, quemados, shock, intoxicación, heridas, hemorragias, asfixias. Reanimación cardiopulmonar básica. Mantenimiento y reposición del material necesario (carro de parada). Inmovilizaciones y traslado de enfermos

1. Una patología que puede llevar a la muerte y que debe ser atendida en un tiempo inferior a una hora, según la OMS, es:

a) Un accidente.
b) Un siniestro.
c) Una urgencia.
d) Una emergencia.

2. El mayor pico de mortalidad originado en los politraumatizados es:

a) En la primera hora.
b) En las primeras 24 horas.
c) En las semanas posteriores.
d) La mortalidad en los politraumatizados no presenta un pico reconocido.

3. ¿Cuál es el orden en el que se debe realizar una evaluación en un paciente politraumatizado en la valoración secundaria?

a) Primero se debe realizar un examen neurológico, seguido de una exploración en busca de lesiones externas.
b) Primero se debe realizar un examen neurológico, seguido de una exploración de cabeza, cuello, tórax y abdomen.
c) La evaluación debe comenzar por la exploración de la cabeza, para seguir con cuello, abdomen y pelvis, y finalizar con un examen neurológico.
d) La evaluación debe comenzar por la exploración de cabeza, cuello, tórax, abdomen, pelvis, extremidades y finalizar con un examen neurológico.

4. ¿Qué es un traumatismo craneoencefálico?

a) Un impacto violento recibido por un sujeto en las regiones craneal y facial.
b) Un impacto recibido por un sujeto en la región craneal.
c) Una pérdida estructural de una parte del cuerpo.
d) La pérdida del conocimiento por un impacto violento en la región craneal.

5. En la inspección de las pupilas en una valoración neurológica de un paciente con traumatismo craneoencefálico, una relación entre ambas pupilas disocóricas quiere decir que:

a) Ambas pupilas son iguales.
b) Las pupilas no reaccionan.
c) Las pupilas son desiguales.
d) Las pupilas tienen forma irregular.

6. Para valorar la extensión de una quemadura se usa:

a) La regla de los 9.
b) La regla de Wallace.
c) La regla de los 10.
d) Las respuestas a) y b) son correctas.

7. ¿Qué es la uremia?

a) Es una pérdida de conciencia debido a una baja cantidad de glucosa en sangre.
b) Es una pérdida de conciencia debido a una alta cantidad de glucosa en sangre.
c) Es una complicación grave de las enfermedades del riñón, que puede provocar un estado de somnolencia capaz de llevar al coma.
d) Es una complicación leve de las enfermedades del riñón, que puede provocar un estado de somnolencia capaz de llevar al coma.

8. Las catecolaminas producen:

a) Vasoconstricción arterial y venosa, desvía el flujo de sangre de órganos no vitales a los vitales.
b) Elevación de frecuencia cardiaca y respiratoria.
c) Elevación de tensión arterial y gasto cardíaco.
d) Todas las respuestas son correctas.

9. Para poder elaborar un diagnóstico definitivo en un paciente intoxicado se debe recabar la máxima información posible. Se intentará conseguir:

a) Nombre del producto y cantidad del producto ingerido.
b) Vía de administración por la que se ha producido la ingesta y posibles mezclas.

c) Tiempo transcurrido desde la administración del producto y antecedentes patológicos previos del individuo.

d) Todas las respuestas son correctas.

10. ¿Cuál de los siguientes es el tratamiento para la intoxicación por paracetamol?

a) El tratamiento es sintomático.

b) El tratamiento indicado es el lavado gástrico incluso pasadas 12 horas, monitorización cardiaca y administración de bicarbonato sódico.

c) El tratamiento específico es la administración de su antídoto, N-acetilcisteína y si la ingesta es reciente están indicados el lavado gástrico y el carbón activado.

d) El tratamiento consiste en el lavado gástrico y carbón gástrico y la administración intravenosa de flumazenil.

11. La cánula de Guedel:

a) Es una cánula orofaríngea.

b) Se utiliza para mantener la vía aérea permeable.

c) Es un tubo de plástico abierto en su interior.

d) Todas las respuestas son ciertas.

12. Es un ritmo desfibrilable:

a) TVSP.

b) Asistolia.

c) Sinusal.

d) Bloqueo completo.

13. Si está indicada la descarga con el desfibrilador deberemos estar seguros de que:

a) El ritmo es desfibrilable.

b) El nivel de julios es el correcto.

c) Nadie toca al paciente.

d) El DESA tiene baterías.

14. ¿Cuándo se suspende la RCP básica?

a) Cuando la valoración nos indica que el paciente presenta una PCR.

b) Cuando el paciente necesita una descarga eléctrica.

c) Cuando el reanimador está exhausto.

d) Todas las respuestas son ciertas.

15. En los niños las técnicas de RCP se inician con:

a) 30 compresiones.

b) 2 ventilaciones.

c) 5 ventilaciones.
d) 15 compresiones.

16. La secuencia ideal entre compresiones y ventilaciones en los niños es de:

a) 30/2.
b) 15/2.
c) 30/1.
d) 15/5.

17. La realización de la RCP en niños debe hacerse con el niño:

a) En PLS.
b) En decúbito prono sobre una superficie dura.
c) En decúbito supino sobre una superficie dura.
d) En la posición en la que nos encontramos al paciente evitando la movilización.

18. El área de compresión en los lactantes:

a) Es en la línea intermamilar, sobre el esternón.
b) Es en el mismo lugar que en los adultos.
c) Es con 3 dedos sobre la apófisis xifoides.
d) Es justo bajo la apófisis xifoides.

19. No se considera material para la apertura de la vía aérea:

a) Pinzas de Magill.
b) Guía de tubo.
c) Tubos orofaríngeos.
d) Tabla de RCP.

20. El sulfato de magnesio es:

a) Una catecolamina.
b) Un anticolinérgico.
c) Un antiarritmico.
d) Un depresor del SNC.

En MADTEST tienes **más preguntas de este tema**, y todos tus avances quedan registrados y se reflejan en el ranking.

¡Supera tus límites con MADTEST!

Solución al test n.º 30

1. d) Una emergencia.

2. a) En la primera hora.

3. d) La evaluación debe comenzar por la exploración de cabeza, cuello, tórax, abdomen, pelvis, extremidades y finalizar con un examen neurológico.

4. a) Un impacto violento recibido por un sujeto en las regiones craneal y facial.

5. d) Las pupilas tienen forma irregular.

6. d) Las respuestas a) y b) son correctas.

7. c) Es una complicación grave de las enfermedades del riñón, que puede provocar un estado de somnolencia capaz de llevar al coma.

8. d) Todas las respuestas son correctas.

9. d) Todas las respuestas son correctas.

10. c) El tratamiento específico es la administración de su antídoto, N-acetilcisteína y si la ingesta es reciente están indicados el lavado gástrico y el carbón activado.

11. d) Todas las respuestas son ciertas.

12. a) TVSP.

13. c) Nadie toca al paciente.

14. c) Cuando el reanimador está exhausto.

15. c) 5 ventilaciones.

16. b) 15/2.

17. c) En decúbito supino sobre una superficie dura.

18. a) Es en la línea intermamilar, sobre el esternón.

19. d) Tabla de RCP.

20. c) Un antiarritmico.

Cómo acceder al Curso

Técnico en Cuidados de Auxiliares de Enfermería
Test del temario

El uso de los códigos **es exclusivo de los compradores de los productos de Editorial MAD**. Cada producto posee un código único y de un solo uso. Es personal e intransferible y da acceso a servicios y contenidos adicionales. Editorial MAD se reserva el derecho de hacer cuantas comprobaciones sean necesarias para identificar al legítimo poseedor del código y dejar de dar servicio a quien haga uso fraudulento del mismo, además de emprender cuantas acciones legales estime oportunas según la legislación vigente.

Deberás acceder a:

mad.es/registro-campus

Si una vez aceptadas las condiciones de uso del Campus decides hacer uso del mismo, necesitarás del siguiente código de acceso junto con los códigos del resto de títulos que se exigen (si fuera el caso):

E2JLZQ7A1C